공부 본능이 시험에
강한 아이를 만든다

공부 본능이 시험에 강한 아이를 만든다

초판 1쇄 인쇄 2005년 3월 7일
초판 1쇄 발행 2005년 3월 18일

**지은이**_미야모토 데쓰야
**옮긴이**_이혁재
**펴낸이**_박설림
**펴낸곳**_도서출판 재인

등록_2003. 7. 2.(제 300-2003-119호)
주소_143-849 서울시 광진구 능동 256-3 나이스 빌딩 3층
전화_02-456-1363
팩스_02-456-1362

ISBN 89-90982-09-X (03000)

* 책값은 뒤표지에 있습니다.

미야모토 데쓰야 지음 | 이혁재 옮김

# 한국의 독자 여러분께

한국의 독자 여러분, 안녕하십니까?

저는 일본의 수도 도쿄에서 가까운 요코하마(横濱)에서 초등학생을 대상으로 수학 교실을 열고 있습니다. 요코하마란 지명에서 여러분은 무엇을 연상하십니까? 많은 분들이 2002년 한일 월드컵 결승전이 열렸던 도시라고 기억하시지 않을까요? 한국과 일본 모두 월드컵 때는 온 나라가 월드컵 일색이었습니다. 제 교실은 그 결승전의 무대가 된 요코하마 국제 경기장에서 그리 멀지 않은 곳에 있습니다.

제 교실은 1993년 5월 8일 문을 열었습니다. 지금도 매년 5월이면 초심을 잊지 않기 위해 직접 강의하고 있습니다. 강의 때는 부모님들께 '이렇게 하면 자녀들의 실력이 올라간다', '이렇게 하면 어린이가 망가진다'는 등의 얘기를 해 드립니다.

자녀가 망가지는 원인은 대부분 부모님들에게 있습니다. 자녀의 의사를 무시하고, 자녀에게 너무도 많은 것을 시키기 때문에 자녀들이 망가지는 것입니다. 제가 부모님들께 보내는 메시지는 단 한 가지입니다.

"부디 자녀분들을 소중히 대해 주십시오."

오로지 이것 하나입니다. 자녀를 소중히 한다는 것은 '자녀의 성장을 막지 않는다'는 것입니다. 진정으로 자녀를 아낀다는 것은, 자녀가 즐겁게 공부할 수 있는 환경을 갖춰 주고 적절한 교재를 찾아 주는 것입니다. 부모가 해 줄 수 있는 일은 이것이 전부입니다. 환경과 교재를 갖춰 주고 난 뒤에는 가슴 졸이며 지켜보는 수밖에 없습니다. 급한 마음에, 좋은 결과를 얻기 위해 자녀를 재촉하면 대개 실패로 끝납니다.

공부를 잘 할 수 있느냐 없느냐는, 능력이나 자질의 문제가 아닙니다. 바로 취미의 문제입니다. 즐겁게 계속 파고들 수 있다면 반드시 실력이 향상됩니다. 결과적으로 성적이 오르고 입시에 성공하는 것입니다. 절대로 이 순서를 틀려서는 안 됩니다. 즉 성적을 올리기 위해 공부시키고 입시에 합격하기 위해 공부시킨다는 것은 착각입니다.

제가 수업 시작 전에 가장 염두에 두는 것은 '어떻게 해야 학생들의 머리를 최대한 활용할 수 있을까?'입니다. 문제를 푸느냐

못 푸느냐, 설명을 이해하느냐 못 하느냐 따위는 아무런 의미도 없습니다. 흥미를 갖고 머리를 계속 쓰다 보면 실력은 반드시 올라갑니다.

이 책은 부모를 대상으로 한 강의 내용을 정리한 것입니다. 2004년 3월에 일본에서 발행돼 상상 이상의 반향을 얻었습니다. 이 책이 이번에 한국에서 나오게 돼 감격할 따름입니다. 한국의 교육 상황이 일본 이상으로 치열하다는 얘기를 듣고 있습니다. 따라서 망가지는 학생들도 많을 것입니다. 참고로 일본 독자들이 제게 보내 주신 감상문을 소개하고자 합니다.

"우리 아이가 공부를 싫어한 이유가 저에게 있었다는 사실은 꿈에도 몰랐습니다. 저는 성적을 가지고 아이를 꾸짖던 어리석은 부모였습니다. 아이에게 너무 미안합니다. 이제 자녀와 함께 성장할 수 있는 부모가 될 것을 맹세합니다."

"생각하는 능력을 키우려면 생각할 시간을 줘야 한다는, 너무도 중요한 사실을 잊고 있었습니다. 아무리 주입식으로 가르쳐도 생각할 시간을 주지 않으면 생각하는 능력이 붙지 않는 것이 당연합니다. 아이를 대하는 방법이 완전히 잘못돼 있었습니다. 앞으로 시행착오형 학습법으로 바꾸겠습니다."

"이 책을 읽은 뒤 잔소리만 해대던 나 자신을 반성하게 됐고, 아이들을 대하는 방식을 바꿔 본 결과 얌전하고 소극적이라고 여겼던 아이가 놀랄 만큼 활달하게 변했습니다. 결국 제가 아이의 생명력을 박탈하고 있었던 것입니다. 이 책을 만날 수 있어 저와 아이가 모두 구원받게 됐습니다. 진심으로 감사드립니다."

이 책이 한국의 여러분에게도 도움이 되길 진심으로 기원합니다.

2005년 3월_미야모토 데쓰야

# 차례

### 제1장
## 〈공부는 본능이다〉

### 제2장
## 〈아이의 공부 본능은 부모가 죽인다〉

**제5장**
## 〈공부 본능 제대로 키워 주기 : 3단계〉
**나만의 공부 스타일 찾기**

**제6장**
# 〈공부 본능 제대로 키워 주기 : 4단계〉
**머리가 좋아지는 학습법**



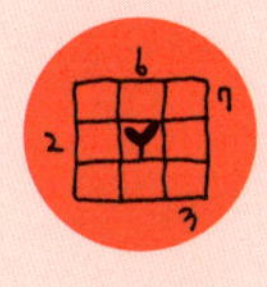

**〈부록〉**
# 머리가 좋아지는 수학 퍼즐
**맛보기**

# 1장

# 공부는 본능이다

아이가 넘어져 울고 있으면 달려가 일으켜 세워 주고, 눈물을 닦아 주고, 사탕을 주고, 어깨를 두드려 주고……. 저는 절대 그런 일을 하지 않습니다. 고고하게 걸어가던 학생의 발을 걸어 넘어뜨리고, 일어나려 하면 짓밟습니다. 다시 일어서려 하면 발로 걷어찹니다. 그러면서 저는 학생의 반응을 유심히 살핍니다. 어느 날부터 쓰러졌던 학생들이 불쑥불쑥 일어섭니다. 그걸 보면서 '이제 다 컸구나!' 하고 감동을 받습니다.

## 나는 학생의 발을 걸어 넘어뜨리는 선생

학원에 온 지 얼마 되지 않은 D군이 수업 시작 전에 저를 찾아와 질문을 하려 했습니다. 금방 수업에 들어가야 한다는 핑계로 일단 돌려보냈는데, 또다시 아무도 오지 않는 시간대에 찾아와 "이 문제는 어떻게 풀어야 하나요?"라며 종이와 연필을 제게 들이밀었습니다. 설명해 달라는 말이었지요. 부모가 시킨 것 같았습니다.

저는 차가운 눈빛으로 바라보면서 "내 교실은 질문 금지야. 풀리지 않으면 풀지 마."하고 그를 쫓아 냈습니다. 용기를 내서 질문하러 온 D는 의외의 상황에 놀라는 눈치였지만 저의 강경한 태도에 별수없이 교실로 돌아가 문제를 풀기 시작했습니다. 어깨에 힘이 빠져

　이거야말로 무혈 입성(無血入城), 즉 'The art of teaching without teaching'입니다.

　학생을 성장시키려고 할 때 어떤 방법을 써야 할까요? 칭찬을 통해? 아니면 질책으로? 두 방법 모두 부모나 선생님의 눈치를 보게 만드는 방식입니다. 제 방법은 그냥 놔 두는 겁니다.

　D군에 대한 저의 대처 방식이 교사로서는 적합하지 않을 수도 있습니다. 대부분의 교사는 학생이 질문을 하면 칭찬해 줍니다. 그리고 친절하게, 자세히 가르쳐 줍니다. 학생도 설명을 들은 뒤 즐거운 마음으로 귀가해 어머니에게 그 얘기를 합니다. 어머니는 "정말 좋은 선생님이시구나!" 하며 기뻐하겠지요. 이제 가족 모두는 선생님의 열렬한 팬이 되고, 그 때부터

사소한 것이라도 모르는 것이 생기면 바로 선생님을 찾아갑니다. 그럴 때마다 선생님은 친절히 가르쳐 줍니다. 선생님과 학생 사이에 끈끈한 정이 생깁니다.

그런데 중요한 점은, 과연 이런 식의 지도를 통해서 학생의 성적이 올라가느냐 하는 것입니다. 적어도 수학에 국한해서 말하자면, 올라가지 않는 학생이 90퍼센트 이상입니다. 네, 장담합니다. 어머니와 아이는 '이렇게 열심히 선생님을 찾아가서 시노를 받았는데 왜 실력이 늘지 않을까?' 고민하기 시작합니다.

하지만 그 이유는 간단합니다. 학생 스스로 생각하고 문제에 대해서 고민해 볼 기회를 빼앗겼기 때문입니다. 머리는 쓰면 쓸수록 좋아집니다. 막힐 때마다 생각하길 포기하고 선생님에게 설명을 들으러 달려간다면 수학 실력은 평생 향상되지 않을 것입니다.

저에게 거부당한 D는 집에 돌아가 어머니에게 뭐라고 했을까요?

"선생님한테 여쭤 봤니?"

"응. 그런데 안 가르쳐 주셔. 풀리지 않으면 풀지 말래."

"뭐? 세상에…… 어쩜 그런 이상한 선생이 다 있니? 좋은 선생이라고 소문나서 보냈는데 형편없잖아?"

이런 대화가 오가겠지요. 화도 내고 말입니다. 하지만 저는 에너지를 낭비하는 것이 싫어서 그런 비판에 무관심합니다.

'좋은 수업'이란 단어에서 어떤 이미지가 떠오르세요?

즐거운 수업? 선생님이 이해하기 쉽게 설명하는 수업? 아니면 밝은 분위기의 수업?

이 중 제 수업에 해당하는 경우는 하나도 없습니다.

그렇다면 좋은 교사란?

친절한 선생님? 명랑한 선생님? 학생들을 잘 배려하는 선생님? 학생들을 좋아하는 선생님?

역시 저와는 무관합니다. 제가 적성 검사를 받는다면 초등학생에겐 절대 바람직하지 못한 교사라는 결과가 나오겠지요. 아마 저와 정반대인 사람이 교사로서 적합하다고 할 겁니다.

하지만 제가 생각하는 교사의 역할은 '학생의 자립을 지켜봐 주고 촉진시키는 것'입니다. 아니, 그 외의 일을 해서는 안 됩니다. 결코 다정하고 친절한 방식은 아니지만 결과적으로는 학생에게 도움이 되는 방식입니다.

아이가 넘어져 울고 있으면 달려가 일으켜 세워 주고, 눈물을 닦아 주고, 사탕을 주고, 어깨를 두드려 주고……. 저는 절대 그런 일을 하지 않습니다. 고고하게 걸어가던 학생의 발을 걸어 넘어뜨리고, 일어나려 하면 짓밟습니다. 다시 일어서려

하면 발로 걷어찹니다. 그러면서 저는 학생의 반응을 유심히 살핍니다. 어느 날부터 쓰러졌던 학생들이 불쑥불쑥 일어섭니다. 그걸 보면서 '이제 다 컸구나!' 하고 감동을 받습니다.

일어나지 못하는 학생들은 어떻게 될까요. 제 수업을 듣지 않으면 됩니다. 학원은 도처에 있고, 저 혼자 세상의 모든 학생을 구원하겠다는 생각은 전혀 없습니다. 하지만 저의 경우를 보면 이런 방법으로 실패한 사례는 많지 않습니다.

저는 오랫동안 학원에서 초등학생들을 가르쳐 왔습니다. 중학교 입시 제도가 있는 일본에서 이 아이들의 목표는 당연히 명문 중학교에 합격하는 것입니다.

저는 '무시험, 선착순'으로 학생을 받습니다. 가장 나이 어린 학급이 초등학교 3학년입니다. 중학교 입시 직전까지 저와 함께 공부한 학생들의 85퍼센트는 가이세이(開成), 아자부(麻布), 에이코(榮光), 쓰쿠바(筑波) 대학 부속 코마바(駒場) 등 명문 중학교에 합격합니다. 이쯤 되면 제가 아이들을 어떻게 가르치는지 그 방법이 매우 궁금하시겠지요? 특별히 우수하지도 않은 아이들을 어떻게 가르치기에…….

아직 강사로서 노련하지 못하던 시절, 실력이 낮은 반의 수업을 시작할 때면 밖에서 놀던 아이들을 향해 소리쳤습니다.

"수업 시작한다! 빨리 교실로 들어와."

"노트를 꺼내라."

"지금부터 칠판에 적는 문제를 풀어라."

수업 시작에 앞서 잔소리를 많이 했습니다. 그런데 얼마 지나고 보니 미련한 짓 같았습니다. 그래서 그 때부터는 아무 말 없이 교실에 들어갔고, 역시 아무 말 없이 수업을 시작했습니다. 밖에서 놀던 학생들은 어떻게 됐냐고요? 아무리 기다려도 선생님이 부르지 않자 불안한 마음으로 교실을 기웃거려 봤는데 이미 수업이 시작된 겁니다. 서둘러 자리에 앉고 노트를 꺼내 문제를 풀기 시작했습니다. 그 다음 주부터는 멀리서 제 모습이 보이면 교실로 달려들어와 노트를 펼치고 기다리게 됐습니다.

'어떻게 하면 내 강의에 집중해 줄까?', '어떻게 하면 이해력을 높여 줄 수 있을까?', '어떻게 학생들 성적을 올려 줄까?'

이런 쓸데없는 생각이 학생들의 의욕을 짓밟는다는 사실도 깨달았습니다.

이제 학생들은 교실에 들어온 순간부터 바로 긴장하고 수업이 시작될 때까지 묵묵히 복습하며 기다립니다. 제가 칠판에 다가가면 연필을 잡으며, 제가 문제를 쓰면 일제히 노트에 옮겨 적은 뒤 문제를 풀기 시작합니다.

수업에 임하는 마음 자세도 '이까짓 문제, 해치워 버리겠다'는 식으로 공격적으로 바뀌었습니다. 저는 열심히 가르치겠다는, 혹은 기필코 이해시키고야 말겠다는 자세를 전혀 보이지 않습니다. 그래서 학생들은 '여기는 배우는 곳이 아니라 전쟁을 치르는 곳'이라고 생각하는 것 같습니다.

부모가 자녀에게 공부를 강요하는 것은 자녀를 위해서가 아닙니다. 부모 자신의 불안을 해소하기 위해서입니다. 자신의 욕구를 충족시키기 위함입니다. 그래서 자녀들이 거부하는 것입니다.

마찬가지로, 학원 선생이 숙제를 많이 내주고 수업 시간을 연장하는 것은 학생이 아닌 선생 자신을 위한 일입니다. '나는 이렇게 열심히 학생들을 돌보고 있어'라는 자기 만족을 원하는 것이죠. 그래서 수업 효과가 나타나질 않는 겁니다. 중요한 것은 '열심히 하고 있다'는 사실이 아니라 '성적이 오른다'는 결과입니다.

연장 수업, 보강, 개별 지도를 반복하는데도 전혀 성적이 오르지 않는 학원과 선생이 드물지 않습니다. 학생이 합격할 수 없다는 것을 알면서도, 아니 확신하면서도 수업 연장과 보강을 반복하는 것입니다. 왜 그럴까요?

그것은 떨어졌을 때 "열심히 가르쳤는데……." 따위의 변명을 하기 위해서입니다. 즉 연장 수업과 보강은 변명을 위한 사전 조치에 불과합니다. 이런 학원이 의외로 많습니다. 2시간이면 끝나야 할 수업이 3시간 넘게 계속되는 것은 선생이 실력이 없기 때문입니다. "1시간이나 공짜로 배웠다"며 즐거워하는 학생과 부모가 있기 때문에 그런 실력 없는 선생이 존재할 수 있는 것입니다.

2시간이면 끝나야 할 수술이 3시간 걸렸다고 고마워할 사람이 있을까요? 두 달로 끝나야 할 재판이 석 달이나 끌었으니 한 달 이득을 본 걸까요?

2시간의 수업을 약속하고 학생들을 맡았다면 그 시간 안에 끝내야 합니다. 부모에게 그걸 알아차릴 안목이 없으니, 자녀를 엉터리 학원에 보내는 겁니다.

저는 늘 엄청난 흥분과 기대 속에 두근거리는 가슴을 억누르며 학생들을 지켜보고 있습니다. 하지만 저도 이런 방법을 터득하기까지는 사실 많은 시행착오와 실패를 겪었습니다.

# 냉혈 교사, 입시에 성공하다

저는 초·중학생 보습 학원 강사 생활을 시작으로 학원 선생의 길을 걷기 시작했습니다. 보습 학원은 교과서를 기본 교재로 삼아 강의하기 때문에 선생이 수업 전에 미리 준비할 필요가 없습니다. 아주 편한 일이었죠. 적당히 강의하는 선생도 많았고, 수업 직전에 저에게 대리 강의를 부탁하는 사람도 있었습니다.

그 학원에 1년 정도 있다가 '이 곳에서는 더 이상 배울 것이 없다'는 생각이 들어 입시 학원으로 옮겼습니다. 초강력 스파르타식 '특수 훈련 학원'이었습니다. 문제를 풀지 못하는 학생은 얻어맞았습니다. 다니고 싶지 않았지만 거기서 그만두면 평생 입시 학원에서 강의를 못 할 것 같았습니다.

신임 강사를 위한 연수를 마친 뒤 초등학교 5학년 중 가장 수준이 낮은 반을 맡아 학생들과 1년 반 정도 같이 지냈습니다. 그 시절에는 수업 준비에 늘 허덕였습니다. 연수 때 학생 때리는 법까지 배웠습니다. 혐오감을 가졌지만 어느덧 손바닥으로 학생을 때리는 자신을 발견했습니다.

새로 온 선생님은 관례상 제일 성적이 떨어지는 반을 맡습니다. 얼마 후 학생들 성적이 올라가기 시작했습니다. 하지만 7명만은 아무리 노력해도 향상되지 않았습니다. 다행히 그 7명 중 1명을 제외하곤 모두 중학교(물론 일류는 아님)에 합격했습니다. 그 중 다소 좋은 학교에 진학한 학생 2명은 초등학교 6학년 여름 방학 때까지는 학교 공부만 했고, 2학기 들어서 학원에 나온 학생이었습니다.

중학 입시를 처음 맡았다는 사실을 감안할 때는 상당한 실적이었지만, 저는 자신의 지도법에 한계를 느꼈습니다. 1년 반만에 그만뒀습니다. 그것이 저의 유혈 교사 시대의 끝입니다.

다음에 근무한 곳은 당시 일본 최고의 합격률을 자랑하는 입시 학원이었습니다. 체벌은 금지돼 있었습니다. 그 학원에 5년쯤 근무했습니다. 수업 시간 연장, 보강, 개별 지도 등 모든 것을 다 해 봤지만 역시 한계에 봉착했습니다. 개별 지도, 개별 질문을 받다 보니 학생들이 수업 시간에 집중하지 않는 것이었습니다.

'나중에 물어 보면 되지 뭐.'

그렇게 생각하는 것 같았습니다. 학생들은 집에서 복습하다가도 막히면 '선생님한테 물어 봐야지.'라며 좀처럼 머리를 쓰려고 하지 않았습니다. 개별 지도에 회의가 들었습니다. 부모님을 불러 사정을 설명하곤 "적어도 세 번 정도 풀어 본 뒤, 그래도 풀리지 않으면 가져오게 해 주십시오." 하고 부탁하자, 개별적인 질문이 사라졌습니다.

그 때부터 학생들 실력이 향상되기 시작했고, 자신들이 원하는 학교에 척척 붙기 시작했습니다. 대부분 초등학교 6학년에 올라갈 때 성적이 중간 이하의 학생들이었으니 대단한 성과였지요.

수업 시간에 친절하게, 자세히 설명하면 학생들은 그 문제를 이해한 것으로 착각하기 때문에 집에서 복습하지 않는다는 사실도 알게 됐습니다. 그전까지 저는 열혈 교사였고 실적도 좋았지만, 분명 보다 좋은 방식이 있을 것이란 생각을 떨쳐 버리지 못했습니다.

그리고 지금, 저는 냉혈 교사입니다. 수업 시간을 절대로 연장하지 않습니다. 질문도 전혀 받지 않습니다. 숙제도 내주지 않습니다. 부모가 "선생님, 제발 우리 아이 좀 어떻게 해 주세요."라며 매달려도 "별수없습니다. 입시에서 떨어지는 것도 그 아이의 인생 역정 중 하나입니다."라고 잔인하게 대합니다. 하지만 이런 방식이 훨씬 효과적이고 확실합니다.

　무시험 선착순으로 학생을 받는데도, 처음 학원에 왔을 때는 실력이 형편없던 학생이 머리 쓰는 것만 포기하지 않는 한 실력이 크게 향상돼 학원을 떠납니다. 방치하는 것이 가장 훌륭한 교육이란 사실을 지금도 확신합니다. 그것이 바로 저의 입시 성공 비결인 것입니다. 유혈 교사나 열혈 교사도 착각이었습니다. 두 번 다시 그런 실수를 반복하지 않을 것입니다.

# 공부는 본능이다

모든 생물은 학습하려는 본능을 갖고 있습니다. 아기는 어머니 뱃속에 있을 때부터 학습을 시작해서, 태어나면서부터는 더욱 맹렬한 기세로 학습합니다. 누워 있다가 앉고, 물건을 잡고 일어서며, 마침내 걷기 시작합니다. 그 순간 부모는 엄청나게 감격합니다.

하지만 아기들은 부모를 기쁘게 하기 위해 걷는 것이 아닙니다. 본능에 따라 온 힘을 다해 일어서고 걷는 것뿐입니다. 타산이나 계산이 없습니다. 이 본능을 그대로만 살려 주면 똑똑한 아이가 망가지는 법은 없습니다.

하지만 어느 시기부터 아기들은 부모의 안색을 살피게 됩니다. 물론 그런 눈치보기가 필요한 경우도 있습니다. 아기들이 위험한 곳에 접근하려 할 때 부모는 무서운 표정을 짓거나 소리 질러 꾸짖어야 합니다. 아기들은 무슨 말인지는 모르지만 자기가 나쁜 일을 했다는 사실을 알아차립니다. 그 정보는 뇌에 깊이 각인됩니다. 이는 반드시 필요한 가르침입니다.

하지만 생활과 공부의 모든 면에서 이렇게 통제받는다면 배우려는 본능이 점점 제거됩니다. 자신의 뜻대로 뭔가를 하려는 의지가 약해집니다.

호기심을 충족시키려다 혼나기보다는, 부모의 안색을 살피고 부모가 좋아하는 행동을 하는 것이 편하다는 사실을 알게 됩니다. 이는 서커스단 동물에게 묘기를 가르치는 것과 마찬가지입니다.

불붙은 동그라미 안으로 뛰어드는 것이 취미인 사자는 없습니다. 뛰어들지 않으면 채찍으로 얻어맞기 때문에, 또 시키는 대로 하면 맛있는 것을 주기 때문에 뛰어들 뿐입니다. 본능을 억제하고 있는 것입니다. 사자에게나 쓰는 방법을 인간에게 쓴다는 것은 크게 잘못된 일입니다.

# 2장

# 아이의 공부 본능은 부모가 죽인다

자녀를 키운다는 것은 삶의 노하우를 전수하는 것입니다. 그리고 그 삶의 노하우 중 가장 중요한 것은 노력하는 마음, 노력하는 자세, 그리고 노력하는 방법입니다. 노력이 무엇인지도 모르는 부모가 도대체 자녀에게 무엇을 전수해 줄 수 있을까요?

아이 스스로가 진정으로 노력하고 싶은 마음, 공부의 즐거움을 가질 수 있도록 자제하고 인내하면서 지켜봐 주는 것이 부모의 역할입니다.

## 1. 아이를 부모의 허영을 충족시키는 도구로 활용한다

늘 고고한 표정으로 개를 데리고 산책하는, 호사스런 옷을 입은 부인이 있습니다. 길에서 아는 사람을 만날 때마다 부인은 개에게 "자, 해피야. 인사해야지?"라고 말합니다. 그러면 해피는 거듭된 훈련 덕분에 꼬리를 흔들며 인사합니다. 상대방은 "어머, 정말 영리한 개군요!"라고 칭찬해 주고, 부인은 더할 나위 없는 만족감에 미소를 짓습니다.

대부분의 어린이는 처음 만난 어른한테 인사하라고 하면 쭈뼛거립니다. 그런데 간혹 너무나도 훌륭하게 인사하는 아이들이 있습니다. 그 모습을 어머니는 자랑스럽게 지켜보고 있겠지요.

어른들은 대개 "정말 인사성이 밝은 아이군요!"라며 놀라워하고, 칭찬할 겁니다. 어머니는 자신의 교육 성과를 칭찬받은 데 대해 자랑스럽게 생각하겠지요. 하지만 저는 그런 아이에게 차가운 시선을 던집니다. 그런 아이는 복권으로 따지면 대개 '꽝'입니다.

어린이가 처음 본 어른에게 몸을 사리는 것은 당연합니다. 첫인사가 어색한 것도 자연스럽습니다. 부모에게 등을 떼밀리며 수줍은 듯, 난처한 듯 억지로 인사하는 것이 보통의 아이들입니다.

어린이를 부모의 허영을 충족시켜 주는 도구로 활용해서는 안 됩니다. 그래 봤자 똑똑한 강아지 이상의 존재가 되지 못합니다. 허영을 부리고 싶다면 멋진 장신구를 달면 됩니다.

## 2. 눈치를 보게 한다

세상은 자기 주장을 내세우다 꾸중듣는 아이보다, 어른들 눈치를 살피고 상대편이 기뻐할 만한 말을 골라 하는 아이를 우수하다고 판단하는 듯합니다. 하지만 이런 '우수 아동' 역시 '똑똑한 강아지'일 뿐입니다.

사실 '우수하다'는 레테르가 붙는 순간부터 그 아이는 망가지기 시작한다고 봐도 됩니다. 이 경우의 '우수'는, 어른의 표정을 살피는 것이 뛰어나다는 의미입니다. 그리고 무너지는 것은 아이의 본능, 즉 공부하려는 의지입니다. 어른 눈치를 살피는 것에 뛰어난 아이는, 공부 본능이 망가진 아이라는 것이 저의 결론입니다.

개는 이렇게 해도 됩니다. 하지만 인간의 자녀를 이렇게 키우면 안 됩니다. 제 경험상 순종과 우수는 양립하지 않습니다. 자신의 판단을 버리고, 부모 말을 그저 그렇게 받아먹는 아이가 우수할 까닭이 없습니다.

# 3. 자녀에 대한 과대 망상을 갖는다

자녀가 조금이라도 '예쁜 짓'을 하면 크게 기뻐하며 어린이의 장래에 과다한 꿈을 거는 부모가 있습니다. 맹목적인 부모의 모습입니다. 부모가 다소 자식에 대한 환상에 빠져 있는 것 자체는 큰 문제가 없습니다. 물론 타인에게 그런 과대 망상을 털어놓으면 실소를 사겠지만요. 그래도 그건 자녀가 있는 부모라면 모두들 경험한 일이기 때문에 따스한 실소입니다.

정말 문제가 되는 것은 '아이를 위해서'라는 명분 아래, 사실은 자신의 불안과 욕망 때문에 매일같이 자녀를 학대하는 어리석은 부모입니다. 이들은 자신들이 아이를 학대하고 있다는 사실을 자각하지 못합니다. 자녀의 고통에 둔감하고, 중학교 입시도 강아지 품평회 정도로 생각합니다. 자녀는 능력 이상의 것을 요구하는 부모에게 짓눌려 공부에 대한 저항감만 자라게 됩니다. 호기심이나 의욕이 모두 사라집니다. 이런 한심한 부모에게 찬물을 끼얹어 주는 것이 저의 중요한 임무 중 하나입니다. 절대 봐주지 않습니다.

## 4. 자녀를 다른 아이와 비교한다

자녀를 다른 집 아이와 비교하면서 혼낸 적은 없으십니까?
앞집에 공부 잘 하기로 소문난 아이가 살고 있다고 합시다.

**CASE 1**

**엄마 :** "앞집 아이가 이번 수학 올림피아드에서 만점을
받았다면서? 대단하구나!"

**아들 :** "그래요. 오늘 학교에서도 진짜 어려운 문제를 혼
자만 풀었어요."

이 정도는 건전한 대화입니다. 뛰어난 사람을 칭찬하는 것
은 좋은 일입니다.
문제는 다음과 같은 대화입니다.

최악입니다. 이런 식으로 자녀를 괴롭히는 부모가 적지 않을 겁니다. 부모로서, 아니 인간으로서 실격입니다. 엄마가 매일같이 이런 소리를 해대는데, '맞아! 나도 열심히 해서 엄마를 기쁘게 해 드려야지.'라며 분발할 아이는 세상에 없습니다. 자녀는 갈수록 고립되고 성격이 비뚤어지고 주눅들게 됩니다.

입장을 바꿔 보면 피부에 와 닿을 겁니다.

A의 어머니는 미인이고 키가 크고 몸매도 날씬합니다. 운동도 만능이고, 요리도 프로급이죠. 어느 날 아이가 A네 집에서 밥을 먹게 됐습니다. 집에서 먹던 것과는 비교도 할 수 없을 정도로 맛있었습니다. 감격 속에 집에 돌아와 부모에게 애

기합니다.



이는 모범적인 'CASE 1'에 해당합니다.
문제는 'CASE 2'입니다.

이런 말을 밤낮없이 해댄다면…….

"그래, 엄마도 열심히 요리 학원에 다녀서 맛있는 음식 만들어 줄게."

이런 말이 나올까요?

옆집 아이와 비교하며 자기 자식을 꾸짖는 것은 누워서 침 뱉는 행위입니다. 자녀는 바로 부모의 유전자를 이어받은 존재이기 때문이죠.

"너는 멍청해."라는 말은 바로 자신을 향한 욕입니다. 자녀에게 이런 마음에도 없는 말을 했던 사람은 지금 당장 "다시는 안 하겠다."고 굳게 맹세하고 평생 이 맹세를 지켜야 합니다.

아이에게 늘 이렇게 얘기하는 부모도 있습니다.

"나는 너보다 훨씬 똑똑하고 성적도 좋았는데……."

이에 대한 답변은 다음과 같습니다.

"그건 당신의 어머니가 당신을 제대로 교육시켰기 때문입니다. 지금 아이가 엉망인 것은 당신이 아이를 제대로 키우지 못해서입니다. 당신의 능력 부족으로 벌어진 일인데 왜 아이를 꾸짖나요? 아이에게 사과하세요."

# 아이의 공부 본능 죽이는 부모의 네 가지 변명

**〈변명 1〉 "그런 건 다 머리 좋은 애들 얘기지……."** 

노력하지 않는데 머리가 좋아지는 아이는 없습니다. 성적
이 좋거나 실력이 느는 학생은 끊임없이 생각하고 머리를 씁
니다. 즉 노력하는 것입니다. 다만 본인은 노력한다고 생각하
지 않습니다. 오랜 시간 공부하지 않기 때문에 남들도 노력하
는 줄을 잘 모릅니다.

반대로 발전이 없는 학생은 머리를 쓰지 않습니다. 즉 노력
하지 않습니다. 몇 시간 공부하느냐가 아닌, 집중력의 문제입
니다.

일반적으로 뒤처진 학생일수록 공부하는 시간이 깁니다.
'열심히 공부한다'고 부모와 본인 모두 착각합니다. 이들은 싫
어도 참고 해내는 것이 공부라고 오해하고 있습니다. 이래 가

지곤 절대 오래 지속되지 못합니다.

학원 강사 초년병 시절, 성적은 집에서 어느 정도 공부를 하느냐에 따라 차이가 난다고 생각했습니다.

'똑같은 강의를 듣고, 똑같은 교재로 공부하기 때문에 학원 수업에서 차이가 날 리는 없다. 결국 집에서 얼마나 공부하느냐에 따라 차이가 나는 것'이라 여겼습니다. 하지만 크게 잘못된 생각이었습니다. 수업 시간에도 엄청난 차이가 발생하고 있었던 것입니다. 거기서 얻은 결론이 있습니다.

'수업 시간에 머리를 쓰지 않는 학생은 집에서 아무리 열심히, 아무리 오랜 시간 공부해도 소용없다.'

교실과 가정의 환경을 비교해 보면 알 수 있습니다. 교실과 가정 중 긴장감이 높은 쪽은 어느 곳일까요? 물론 교실입니다. 교실과 가정 중 집중력이 높은 쪽은 어디일까요? 물론 교실입니다.

교실에서 머리를 쓰지 않는 학생이 집에서 머리를 쓸 리가 없습니다. 결국 학력 차는 수업 중에 발생합니다. 노력하지 않아도 성적이 좋은 학생이란 있을 수 없습니다. 즉, 노력이 곧 실력이고, 노력하고 싶게 만들어 주는 것이 부모의 역할입니다.

실력이 없는 아이에게 무턱대고 "너는 똑똑해. 너는 잘 할 수 있어."라고 세뇌해 자신감을 불어넣어 주면 어떻게 될까요?

아무런 준비나 근거 없이 "너는 잘 할 거야."라고 거듭해서 아이에게 말하는 경우 두 가지의 결과를 가져올 수 있습니다.

하나는 자신의 능력 이상을 바라는 부모의 기대 때문에 부담감에 짓눌리는 경우이고, 또 하나는 그냥 막연히 '잘 될 거야'라는 허황된 생각을 하게 되는 경우입니다.

세상은 그렇게 만만하지 않습니다. 자신감과 실력은 직접적인 상관 관계가 없습니다.

이런 경우도 있습니다.

"어려운 문제를 쉽게 푸는 학생에겐 수학이 즐겁겠지만 우리 아이는 곱셈도 제대로 못 하니까……."

문제를 풀 수 있기 때문에 즐거운 것은 아닙니다. 쉽게 풀 수 있는 문제는 아무리 풀어도 도움이 되지도 즐겁지도 않습니다.

힘이 센 사람은 아무리 무거운 물건이라도 가볍게 들 수 있다고 생각하십니까? 100kg짜리 물건을 쉽게 들어올린 사람은 150kg짜리도 가볍게 들어올릴 거라고 생각합니까? 100kg짜리 물건을 들어올릴 수 있는 사람은 150kg짜리 물건을 들어올리기 위해 이를 악물고 훈련합니다. 아무런 노력이나 고생 없이도 150kg을 들어올릴 수 있는 사람은 없습니다.

자녀에게 자신감을 불어넣으려면 다음과 같이 제대로 된 절차를 밟으십시오.

**1. 문제에 흥미를 갖게 한다**(흥미 없이 공부를 잘 할 수 없습니다).

**2. 끊임없이 생각하게 한다**(절대로 푸는 법을 가르쳐 주면 안 됩니다).

**3. 문제를 풀지 못하더라도 모르는 사이 실력이 는다.**

**4. 자신감이 붙는다.**

이런 절차를 반복해야 진정한 자신감이 붙습니다. 이 순서를 이해하지 못한 채 '자신감만 얻으면 된다'고 착각하면 다음과 같은 잘못을 저지르게 됩니다.

"무슨 수를 써도 좋으니 한 번만이라도 1등을 하게 만들자. 일단 1등을 하고 나면 자신이 붙고 성적도 저절로 올라가게 될 거야."

이런 잘못된 생각 때문에 온갖 수단과 방법을 다 동원합니다. 학원에 보내고 가정 교사를 붙입니다. 잠을 안 재우고 아이가 지겨워할 때까지 무리하게 시킵니다. 심지어 1년 전 시험지를 구해 내 달달 외우게 한다고 합니다. 시험이라는 것은 매년 같은 시기에, 같은 범위 내에서 나오기 때문에 문제도 거의 비슷합니다. 그러면 1등을 할 수도 있겠죠. 그렇다고 다음부터 모든 일이 잘 풀릴까요? 절대 아닙니다. 그럴 리 없습니다. 이것은 아이의 실력과는 다른 차원의 문제입니다.

이런 부모의 생각은 범죄자의 정신 구조입니다. 자녀를 노력조차 하지 못할 인간으로 만들어 놓고도 훗날 제대로 된 인간이 되리라 기대합니까? 자신감이란, 자기 힘으로 일어설 때 아주 조금씩 붙는 것입니다.

노력해 보지 않은 사람이 곧잘 이런 말을 합니다. 100m를 10초에 주파하라는 것이 아니지 않습니까? 머리를 제대로 쓸 줄만 알게 되면 성적 향상에 한계는 없습니다.

노력한 적이 없는 사람은 "지금부터라도 죽을 각오로 매달리면……." 혹은 "오늘부터라도 내가 마음만 먹으면……."이란 말을 너무 자주 내뱉습니다. 그런 말을 하는 순간, 그 사람의 미래는 이미 끝난 거라고 생각합니다.

자녀를 키운다는 것은 삶의 노하우를 전수하는 것입니다. 그리고 그 삶의 노하우 중 가장 중요한 것은 노력하는 마음, 노력하는 자세, 그리고 노력하는 방법입니다. 노력이 무엇인지도 모르는 부모가 도대체 자녀에게 무엇을 전수해 줄 수 있을까요?

아이 스스로가 진정으로 노력하고 싶은 마음, 공부의 즐거움을 가질 수 있도록 자제하고 인내하면서 지켜봐 주는 것이 부모의 역할입니다.

**〈변명 4〉 "우리 애는 너무 착해서……."**

그럴듯한 변명입니다. 하지만 정신력이 약해서 실력이 없다는 것과 착한 것과는 아무 관계가 없습니다. 착하다는 것은 마음이 아니라 머리겠지요. 즉 착한 것이 아니라 머리에 든 것이 없다는 말입니다.

다른 아이를 제친다는 것은 무슨 뜻일까요? 줄서 있는 사람들을 밀치고 버스를 탄다는 말일까요? 결코 그런 뜻이 아닙니다. 아무리 다른 아이를 제치지 못하는 마음 착한 아이라도, 버스 정류장에서 자기 뒤에 누가 설 때마다 "먼저 타세요." 하고 양보하지는 않습니다. 그러다간 영원히 버스를 탈 수 없습니다.

또 달리기 경주를 할 때 다른 사람을 앞지르면 미안하기 때문에 항상 꼴등을 하나요? 시험 볼 때도 다른 사람에게 이겨서는 안 되기 때문에 항상 빵점을 맞으려 하나요? 모든 권리를 포기하고 항상 자신보다 타인을 우선시하나요? 그런 일은 있을 수 없습니다.

비열하게 제친다는 것은, 예를 들어 경기를 시작하기 전에 상대방 음료수에 설사약을 넣는다거나, 신발에 압침을 넣는 것 같은 행위를 말합니다. 그 누구도 그런 일을 하라고 시키지 않습니다. 노력해서 성장하고, 그에 맞는 결과를 손에 넣는 것에 양심의 가책을 느낄 사람은 없습니다.

인권 단체에서도 이 겁쟁이 어머니 같은 논리를 전개합니다.

"실력이 떨어지는 학생들이 불쌍하다."

불쌍하면 실력이 올라가게 만들면 됩니다. 아무도 방해하지 않습니다. 경쟁 원리를 부정하는 것은 생명을 부정하는 것입니다.

남성은 1회 사정으로 약 3억 5,000만 마리의 정자를 방출한다고 합니다. 그 중 운 좋게 1마리만 난자까지 도달합니다. 엄청난 경쟁률입니다. 그런 가혹한 경쟁에서 살아남아, 당신과 제가 세상에 태어난 것입니다.

이것도 인권 단체의 논리를 빌리면 이렇게 됩니다.

"나머지 3억 4,999만 9,999마리의 정자가 불쌍하다. 나머지의 정자에게도 난자를 하나씩 줘야 한다."

진짜로 그런 일을 했다간 큰일이 나겠지요. 자연계의 법칙은 적자생존입니다. 인간 사회에도 들어맞는 법칙입니다.

공부에서도 마찬가지입니다. 강한 아이가 공부도 잘 하고 성공합니다.

# 3장



# 싹틔우기

동력이 없는 글라이더, 행글라이더, 패러글라이더, 스키의 점프는
모두 역풍을 타고 하늘을 납니다. 순풍에는 올라탈 수 없습니다.
속력이 떨어져 추락하고 맙니다. 하지만 대부분의 부모와 교사들
은 학생을 순풍에 태우려 합니다. 뒤에서 등을 떼밉니다. 학생들
이 전진하려는 마음의 준비가 돼 있으면 효과가 있지만, 그렇지
않은 상황에서 뒤에서 밀면 밀리지 않으려고 저항합니다.

# 일단 즐거우면 한다

B라는 학생은 고집세고 융통성이 없는 아이였습니다. 국어 실력도 별로였지요. 초등학교 5학년 당시, 수학은 좋아했지만 명문 중학교에 합격할 실력은 못됐습니다.

개인 면담 때 부모는

"잔소리하지 않으면 통 공부를 하지 않아요. 그래서 종종 말다툼이 벌어집니다."

라고 했습니다. 그래서 이렇게 애기해 줬습니다.

"그냥 놔둬 보시지요. 설사 부모의 명령 때문에 억지로 공부한다 해도 자신이 원하는 명문 중학교에는 합격하지 못합니다."

실제 있었던 일입니다.

초등학교 때 두 달 정도 자녀에 대한 잔소리를 자제하는 것이 뭐 그리 어려운 일이냐고 말하는 사람도 있을 것입니다. 하지만 막상 자기 자녀에게 실행할 수 있는 부모는 많지 않습니다. 부모가 두어 달 동안 잔소리하지 않았다고 모든 학생이 성적이 오르고 명문 대학에 진학할 수 있는 것도 아닙니다. 하지만 B군은 부모의 두 달 간의 인내가 없었다면 전혀 다른 길을 걷고 있었을 겁니다.

부모는 자녀가 공부할 때 어떤 역할을 해야 할까요? 결론부터 말씀드리자면, 밥상 차리는 마음가짐으로 하면 됩니다. 아이들은 배고프면 빨리 밥 달라고 재촉합니다. 제대로 된 부모라면 자녀에게 필요한 영양분의 종류와 양을 정확하게 파악하고 있을 것입니다. 배부르다는 자녀에게 "안 돼. 부추볶음하고 두부 더 먹어. 꽁치 세 마리하고 우유도 두 잔이나 남았잖아. 전부 다 먹어. 다 먹지 않으면 잠 못 잘 줄 알아."라고 하지는 않겠지요. 만약 부모가 이렇게 강요한다면 식사 시간은 고통의 시간으로 바뀔 겁니다.

"계산 공부 해라."

"한자 좀 외워라."

숨 돌릴 틈 없이 명령하는 것은 몸에 좋으니까 먹으라고 양파 하나를 통째로 주는 것과 같습니다. 여러분이라면 양파를 통째로 먹으라는데 식욕이 생기겠습니까?

공부와 식사는 모두 본능입니다. 공부도 식사처럼 즐거운 것으로 만들어 주면 됩니다. 절대 어려운 일이 아닙니다.

예절 교육과 공부는 확실히 구별해야 합니다. "사람을 때리면 안 된다.", "물건을 훔치면 안 된다." 등 예의범절은 무조건 익혀야 합니다. 하지만 공부는 다릅니다. 자녀 본인의 지적 욕구를 충족시켜 주는 방향으로 나가야 합니다. 절대 강요하면 안 됩니다. 본능이 지시하는 대로 지적 욕구를 충족시켜 주면 되는 겁니다.

학원에 보낼 경우에는, 제발 권위주의적인 선생에게 맡기지 마십시오. 그런 선생들은 말 잘 듣고 순종적인 아이를 좋아하며, 말 안 듣는 아이에겐 강제로 따르게 합니다. 어른들 눈치만 살피는 아이를 만드는 겁니다. 아이의 우수함은 상실됩니다. 제 역할은 그런 어리석은 어른들로부터 아이들을 지켜내, 마침내 무사히 하늘로 날아오르도록 도와 주는 것입니다.

# 도움이 안 되는 '순풍'

동력이 없는 글라이더, 행글라이더, 패러글라이더, 스키의 점프는 모두 역풍을 타고 하늘을 납니다. 순풍에는 올라탈 수 없습니다. 속력이 떨어져 추락하고 맙니다. 하지만 대부분의 부모와 교사들은 학생을 순풍에 태우려 합니다. 뒤에서 등을 떼밉니다. 학생들이 전진하려는 마음의 준비가 돼 있으면 효과가 있지만, 그렇지 않은 상황에서 뒤에서 밀면 밀리지 않으려고 저항합니다. 그럴 때는 학생의 상태를 살펴야 하는데도 어른들은 조바심 때문에 더 강하게 밀려고 합니다. 학생은 어떻게 될까요?

힘으로는 어른을 당할 수 없기 때문에 자신이 원하지 않는 방향으로 주춤주춤 밀려갑니다. 가고 싶지 않은 학원에 가야 하고, 하고 싶지 않은 엄청난 양의 숙제를 해야 합니다. 보기 싫은 시험을 봐야 하고 결과가 나쁘면 꾸중을 듣습니다. 하고 싶지 않은 것을 무리하게 시키니 결과가 좋을 까닭이 없습니다. 무의미한 좌절감만 쌓이고 자녀의 생명력은 점점 약화됩니다. 그 누구에게도 도움이 되지 않는 일입니다. 아니, 결코 해서는 안 될 일입니다.

# 아이들은 속지 않는다

'순풍'을 불어 주겠다며 시도 때도 없이 잔소리를 해대면 나중에는 부모의 훈계가 아무런 효력도 발휘하지 못하게 됩니다.

아이가 초등학교 3, 4학년 정도라면 "그렇게 하기 싫으면 학원이고 시험이고 다 때려치워!"라고 꾸짖으면 대개의 경우 "엄마 미안해요. 열심히 할 테니 계속 학원에 다니게 해 주세요."라며 눈물을 흘립니다. 하지만 6학년쯤 되면 이제 부모의 마음을 속속들이 읽습니다.

'아이고, 또 시작이다. 그 수법? 학원 안 다니게 할 생각은 눈곱만큼도 없으면서.'

그래서 자녀들은 이렇게 말하기 시작합니다.

"알았어용. 그만 다니지 뭐."

부모에겐 더 이상 사용할 '카드'가 없습니다.

"너 정말이야? 정말 학원 안 다녀도 될 거 같아? 잘 생각해

봐. 네 인생이 걸린 문제야. 너 분명히 나중에 후회할걸.”

이렇게 상황이 역전됩니다. 학원에 다니라고 애걸하는 지경에 이르게 될 수도 있습니다. ‘부모를 위해 자녀가 공부해 주는’식으로 상황이 설정되면 안 됩니다.

“공부할 마음 없으면 관둬!”라고 꾸짖을 때의 ‘할 마음’이란 어떤 것일까요? 문제를 풀 의욕을 말하는 것일까요?

문제를 풀 마음이 생기지 않을 때도 있을 겁니다. 그럴 때 이러쿵저러쿵 잔소리하는 부모는, 자녀가 풀 수 있는 능력의 10배 정도를 원하는 경우가 적지 않습니다.

그렇다면 ‘성공하고자 하는 마음’을 말하는 걸까요?

‘지금 이 문제를 푸는 것은 내 인생에서 매우 중요한 일이다. 문제를 풀기 위해서는 노는 시간이나 잠자는 시간을 줄여도 상관없다.’

이런 식의 고차원적인 것을 초등학생에게 요구하는 것일까요?

입버릇처럼 “우리 애는 뭘 몰라서.”라고 말하는 부모가 있습니다. 그런 부모들은 또 “우리 애는 시키지 않으면 공부하지 않는다.”고 불평하는 경우도 많습니다. 이는 공부하라고 해야만 궁시렁거리며 마지못해 책상 앞에 앉는, 나쁜 스타일이 정착돼 버렸음을 의미합니다.

이러한 부모에게 충고합니다.

"공부하라는 말을 하지 않으면 됩니다."

한마디도 하지 않으면 됩니다.

'그러면 우리 애는 정말 엉망이 되고 말 것'이란 부모의 강박관념이 자녀를 망치고 있습니다.

제 교실에는 순풍이 불지 않습니다. 가장 우수한 학생이 지루하지 않을 정도의 속도로 문제를 계속 내줄 뿐입니다. 풀이 결과에 대해선 표면상 무관심으로 일관합니다. 잘 해도 칭찬하지 않고, 못 해도 혼내지 않습니다. 학생들은 저에게 의존하려 하지도 않습니다. 수업은 담담히 진행됩니다. 하지만 공기는 항상 팽팽한 긴장감 속에 있습니다. 그 긴장감은 제가 아니라, 학생들이 창조해 내는 것입니다. 그 긴장감 덕분에 기분 좋게 수업을 진행하고 있습니다. 그런 수업이 3학년부터 6학년까지 이어집니다. 입시를 본격적으로 준비하는 때가 6학년의 10월 무렵부터입니다. 그 시기부터 저는 강력한 역풍을 보내기 시작합니다.

유도나 검도 도장에 가면, 벽에 단(段)별로 명찰이 걸려 있습니다. 오른쪽으로 갈수록 고단자이며 가장 오른쪽에 이름이 걸려 있는 사람이 가장 강합니다.

제 교실에도 비슷한 것이 붙어 있습니다. 교실에 온 학생들은 그 순서 표를 보고 자신의 위치를 확인합니다. 앞으로 몇 점을 더 따면 저 녀석을 추월할 수 있나, 내 아래에 있는 아이가 앞으로 몇 점을 따면 나를 추월하나, 앞으로 몇 점을 따면 한 급이 올라가나…… 이런 것들을 알려 주는 표입니다. 수업 시간에 문제를 하나 풀면 1점, 시험에서 10점을 따면 1점이 가산되며, 250점을 얻으면 급이 하나 올라가는 구조입니다.

자녀들이 주의력 부족으로 다 아는 문제를 틀렸을 때 어떻게 해야 한다고 생각하십니까?

- 따끔하게 꾸짖는다?
- 실수로 틀리는 것이 얼마나 아까운 것인지 설명하고 또 설명한다?
- 반성문을 쓰게 한다?

모두 효과가 없는 방법입니다. 저는 학생들이 실수로 '다 아는 문제'를 틀리는 것을 단번에 고쳐 주는 획기적인 방법을 실시하고 있습니다. 바로 이 순서 표를 '악용(?)'하는 것입니다.

학생들이 3년 반에 걸쳐 저금해 놓은 이 점수를 6학년 후반기부터 잔인하게도 가차없이 깎아 버리기 시작합니다. 계산 문제를 틀리면 단번에 100점이 날아갑니다. 100점은 학생이 문제를 100개 맞혀야 얻을 수 있는 점수입니다. 입시 날짜가 다가오면 깎는 점수를 대폭 올려 버립니다. 입시 한 달 전에는 실수로 틀리면 2,000점이나 깎아 버리기도 합니다. 그런 일을 당한 학생은 큰 충격을 받아 창백해집니다. 이 충격은 합격 발표 때 자신의 번호를 합격자 명단에서 찾지 못했을 때의 충격과 같습니다.

'아, 이런!'

후회하게 됩니다. 마음속 깊이 반성합니다. 시험 점수가 꼴
등이어도 감점, 점수가 가장 많은 학생이 시험에서 1등을 하지
못하면 감점……. 잠시라도 딴생각을 하다 실수하면 바로 점
수가 깎입니다.

매일매일의 수업에서 이렇게 큰 압박을 받기 때문에 학생
들이 실제 입시 때 중압감 때문에 실력을 발휘하지 못하는 일
은 없습니다. 초등학교 6학년 후반이 되면 '입시에서 망가질
녀석은 오늘 이 자리에서 망가뜨려 주겠다'고 각오한 뒤 수업
에 들어갑니다.

저는 학생들과 거의 대화를 하지 않으며, 무엇을 강요하거
나 명령하는 일도 없습니다.

자기 아이만 보고 있노라면 '우리 아이가 최고'라고 생각하게 됩니다. 하지만 초등학교에 들어가고, 학년이 올라갈수록 자녀의 결점만 보입니다.

"이해가 늦고 요령도 부족해."

"무책임하고 무슨 일이건 바로 싫증내는 녀석이야."

하지만 그런 단점의 뒷면에 장점이 감춰져 있습니다. 이해가 늦고 요령이 부족하며 재능이 떨어지는 아이는 여러 가지 일을 처리하는 데는 뒤처지지만 한 가지 일을 끈질기게 잘 하는 경우가 많습니다. 자신의 그런 단점을 깨닫고, 남보다 배 이상 열심히 하려는 학생도 있습니다. 이 경우 단점이 전화위복의 계기가 됩니다.

그런 학생에 대해선, 비난하거나 혼내서는 안 됩니다. 인내심을 갖고 느긋하게 지켜봐 주는 자세가 필요합니다. 또 과제를 지나치게 많이 내주어서도 안 됩니다.

반대로 무책임하고, 하는 일마다 금방 싫증내는 아이가 있습니다. 이런 아이는 대개 머리가 좋습니다. 뭐든지 금방 이해해 버리기 때문에 깊이 생각하려 하지 않습니다. 이런 어린이는 특별 관리가 필요합니다.

처음 하는 일에는 흥미를 갖고 뛰어난 능력을 발휘하지만, 끈기가 없기 때문에 조금만 막혀도 바로 포기하거나 다른 일을 하려 합니다. 소위 팔방미인에게 많은 유형이지만, 대성하지는 못합니다. 깊게 파고들지 못하고 도중에 포기하는 경우가 많습니다. 뭘 시켜도 "처음 하는 것치고는 잘 한다"는 평가를 받지만 그 이상 진전이 없습니다. 새롭고 신기한 것에는 달려들지만, 개선과 반복이 필요한 작업은 극단적으로 싫어합니다. 한번 푼 문제를 다시 풀라고 해도, 반복하고 복습하라고 해도 소용 없습니다. 몸은 책상에 앉아 있지만 머리는 사방팔방으로 달려가고 있습니다.

이런 아이에게는 부모의 노력이 필요합니다. 같은 문제일지라도, 같은 문제로 보이지 않게 가공해 주면 됩니다. 시험지를 들이밀며 틀린 문제를 다시 풀게 하는 것보다는, 문제를 다른 노트에 적어 주거나, 복사해서 노트에 붙여 주면 풀려고 달려듭니다.

　　부모들은 자녀의 학년이 올라갈수록 장점의 뒷면에 있는 단점만 걱정하게 됩니다. 단점을 무리하게 고치려 하면 단점의 뒷면인 장점도 살리지 못하게 되고 맙니다. 단점의 뒷부분에 숨어 있는 장점이 커지도록 도와 줘야 합니다.

## 휴식과 충전의 시간은 꼭 필요하다

C군은 학원에서는 생기가 넘쳤습니다. 하지만 그의 어머니는 입버릇처럼 "우리 애는 체력이 약하다."고 했습니다. 학원에서 보이는 C군의 모습과 어머니가 하는 말이 너무 달라 이상하게 생각했는데, 얼마 후 이유를 알게 됐습니다. 부모가 생기가 넘치는 C군의 모습을 발견하면 곧바로 공부하라고 하기 때문이었습니다. 그래서 연기를 했던 것입니다. 집에 도착하기 전까지는 힘이 넘치지만 현관문을 여는 순간 "엄마, 너무 피곤해요. 더이상 버틸 수 없어. 힘들어 죽겠어."라고 엄살을 떨었던 것입니다.

생활에 변화가 없고 긴장감도 적은 전업 주부 입장에서는 자녀가 얼마나 격렬히 전투를 치르고 있는지 알지 못합니다. 사람은 보통 하루 세 끼를 먹는데, 공부를 시키지 못해 안달하는 부모는 하루 열 끼 이상 무리하게 먹이려 합니다. 식물을 죽게 하는 원인 중 가장 많은 것이 뭐라고 생각하십니까? 바로 물과 비료를 너무 많이 주는 것입니다. 왜 자녀가 배고파질 때까지 기다리지 못하나요. 밥을 억지로 먹이려고 하기보다는, 맛있는 반찬을 만드는 법을 배우는 것이 낫습니다.

'자녀가 학교 공부가 끝나면 곧바로 학원으로 보내고, 집에 돌아오면 저녁 식사 전까지 수학 문제 20개를 풀게 하고, 영어 단어 20개와 한자를 20자 외우게 한다. 식사가 끝나면 잠자리에 들 때까지 숙제와 학교 공부 복습을 하도록 하고 일기와 독후감을 쓰게 한다.'

이런 부모가 집에서 기다리고 있다면 과연 그 어떤 자녀가 집에 일찍 돌아가고 싶어할까요? 이런저런 핑계를 만들어 내며 귀가 시간을 조금이라도 늦추려 할 것입니다. 가장 흔한 핑계가 모르는 게 있어서 학원 선생님과 공부했다는 것입니다. 이렇게 말하면 부모들이 그냥 넘어가 주기 때문입니다.

거짓말하는 자녀만 탓할 수는 없습니다. 부모의 잘못 설정된 전제 때문에 거짓말을 하는 것이니까요. 가정은 공부를 위한 곳이 아닙니다. 몸과 마음을 편안히 쉴 수 있는 곳이어야 합니다. 자녀들은 매일 학교와 학원에서 온 힘을 다해 전쟁을 치르고 있습니다. 제대로 된, 편안한 가정이 있다면 한시라도 빨리 돌아가 편히 쉬고 싶어할 겁니다.

"다녀왔습니다."라는 아이의 인사에 "어서 와라. 피곤했지. 간식 준비해 놨다." 하고 다정하게 맞아 준다면 거짓말을 하지도, 늦게 돌아오지도 않을 겁니다.

자녀를 위해 이것저것 연구해 보면 어떨까요? "간식 먹은 뒤 엄마랑 카드놀이할까?"라는 식의 말투와 분위기로, "이 수학 문제 말이야, 엄마랑 같이 풀어 볼까?"라고 말을 꺼내면 넘어올지도 모릅니다. 공부를 시킬 때는 "공부해."라고 직설적으로 말하지 말고 "카드놀이하며 놀자."는 식으로 부드럽게 말을 건네 주세요. 식사 때도 "밥 먹어!"가 아니라 "자, 식사하자."라고 말하는 것처럼.

# 자녀의 존재 그 자체에 감사하라

이웃집 아이와 자녀를 비교하면서 꾸짖는 것 이상으로 부모가 해서는 절대 안 될 한마디가 있습니다.

"낳아 줬으니 부모에게 감사하라."
"키워 줬으니 부모에게 감사하라."

출산에는 엄청난 고통이 따릅니다. 요즘은 임신 초기에 검사를 통해 아이가 정상인지 여부를 알 수 있지만 그래도 출산할 때까지는 불안합니다. 제가 지금까지 경험한 감동을 모조리 합해도 건강하게 태어난 아기를 처음 안았을 때의 감동을 따라오지는 못하겠지요.

처음 아기를 품에 안으며 "무사히 태어나 줘서 정말 고마워. 엄마는 너와 만나 너무 행복하다."라고 하지 않았나요? 왜 그런 마음이 몇 년 만에 "낳아 줬으니 감사하라."로 바뀌었을까요?

학생들에게서 큰 기쁨을 느끼는 순간이 있습니다. 공부 잘하는 학생의 실력이 향상되는 것도 물론 기쁘지만, '이 녀석은 절대 합격하지 못할 것'이라며 거의 포기했던 학생이 어느 날 성장한 것을 봤을 때, 참으로 기쁩니다. 성장이란 성적이 올라간 것도, 원하던 중학교에 합격한 것도 아닙니다. 조금만 막히면 문제를 포기했던 학생이 문제 하나를 놓고 5분 이상 집중하며 계속 고민하는 것이 바로 성장입니다. 얼굴과 눈빛이 변해 있습니다. 마음 깊은 곳에서 기쁨이 밀려옵니다.

그 성장은 학생은 물론 저의 성장이기도 합니다. 절대로 '훌륭하게 만들어 줬으니 감사하라'는 마음이 들지 않습니다.

'성장해 줘서 고맙다'는, 솔직하고도 감사한 마음을 그 학생에게 갖게 됩니다.


성장해 가는 학생들을 보면 기쁩니다. 아니, 제가 구원받았다는 느낌을 받습니다. 학생들의 성장이 제 삶에 의미를 부여하고 있다는 감동에 빠집니다. 결국 인간은 누군가가 자신을 필요로 하고, 누군가를 위해 도움이 된다는 느낌을 받지 못하면 살아갈 수 없는 존재가 아닐까요?

자녀는 삶에 의미를 부여해 줍니다. 그처럼 소중하기 그지 없는 존재에게 감사해야 합니다.

매일매일 곁에 있으면 고마움을 느끼지 못하지만, 어느 날 사고로 돌연 아이가 곁을 떠나 버릴 날이 오지 않는다고 장담할 순 없습니다. 그런 상황을 견뎌 낼 수 있을까요? 감사함으로 자녀를 대한다면 반드시 자녀들도 여러분에게 감사할 겁니다.

# 부모 자신도 성장해야 한다

아이는 아무것도 모르는 무력한 존재이므로, 오직 부모의 힘으로 올바른 방향으로 이끌어 가야 한다고 생각하면 안 됩니다. 아이가 숨막힐 정도로 막막해하고 힘들어합니다. 자녀를 키움으로써 자녀는 물론 부모도 성장한다고 생각해야 합니다. 자녀에게 배우는 것이 많습니다.

아이는 매일매일 성장하는 생물입니다. 매일 같은 말만 되풀이하는, 성장하지 않는 부모는 자녀에게 버림받습니다. 자녀가 자립한 뒤엔 부모의 존재 가치가 상실됩니다. 자녀에게 버림받지 않으려면 부모도 성장해야 합니다. 자녀를 양육한다는 것은 동시에 자신을 성장시킨다는 말도 됩니다.

전업 주부로부터 자녀 양육을 제거하면 거의 아무것도 남지 않습니다. 가사와 육아에 시달리며 정신 없이 바쁠 때, 햇볕이 잘 드는 곳에 누워 있는 고양이를 보면 '저 녀석은 하루

종일 놀기만 한다'는 생각이 들겠지요. 하지만 고양이는 남아
도는 시간을 소비하기 위해 나름대로 고생하고 있습니다. 고
양이는 그리 현명하지 않기 때문에 자신의 삶에 의문을 갖지
않습니다. 하지만 인간은 그런 식으로 살 수 없습니다. 자녀가
독립한 뒤를 대비해 미리 인생 설계를 해 두어야 합니다.

# 4장

● 공부 본능 제대로 키워 주기 2단계

# 강한 아이로 만들기

왜 자녀에게 공부를 시킵니까?
좋은 학교에 입학시키기 위해서?
큰 오산입니다.

　정답은 '높은 학력을 갖춰 주기 위해서' 입니다. 여기서 학력이란, 인간으로서 살아가는 데 필요 불가결한 힘이며, 학력을 갖추면 합격 따위는 부수적으로, 저절로 따라옵니다. 살아남기 위해, 세상을 살아가기 위해 학력을 쌓은 결과 합격이란 부산물이 얻어지는 데 불과합니다.

# 강함에 대한 엄청난 오해

'강함'이라는 단어는 엄청난 오해를 받고 있습니다.

"쟤는 센 아이야."라는 말은, 대개 욕입니다. 다른 사람의 물건을 빼앗거나 폭력을 휘두르는 아이를 가리킵니다. 하지만 그런 것은 강인함이 아니라, 폭력일 뿐입니다. 강도 살인범을 강한 인간이라 할 수 있을까요.

범죄자 대부분은 욕망에 패배한 약한 인간입니다. 전과 10범인 흉악범은 자신보다 강한 사람을 공격하지 않습니다. 자신보다 약한 상대에게 무기를 들이대며 등 뒤에서 덤벼듭니다. 강한 사람은 그렇게 하지 않습니다. 폭력적이고 흉악한 것과 강한 것은 전혀 관계가 없습니다.

강하다는 것은 자기 자신에게 엄격하다는 것을 의미합니다. 자신을 소중히 한다는 것은 자기 멋대로 한다는 것이 아닙니다. 편안함을 추구하는 것이 인간의 본성이지만 편안함만

추구하다가는 능력 계발도, 가능성을 넓히는 것도 불가능해집
니다. 허약함을 몰아내야 성장할 수 있습니다.

자신에게 강하지 못한 인간은 타인을 배려할 능력이 없습
니다. 자신을 중시하지 않는 인간은 타인을 소중히 여기지도
않습니다. 타인을 소중히 대하지 못하는 사람은 타인으로부터
대접받지 못합니다.

## 강해야만 성장할 수 있다

'친절'과 '강함', 어느 쪽이 좋습니까?

대부분은 '친절'을 고르겠지요. '친절'이라는 말은 부드러움과 편안함을 풍기지만, '강함'이라는 글자의 이미지는 무서움입니다.

어머니들에게 "장차 자녀가 어떤 사람이 됐으면 좋겠습니까?" 하고 물었을 때 가장 많이 듣는 답변은 "타인을 배려하는 친절한 사람"입니다.

그렇다면 남을 배려하는 친절한 사람이란 어떤 사람일까요? 전철에서 노인이나 장애인에게 자리를 양보하는 사람일까요?

그런 것은 친절이 아니라 상식입니다. 누가 자리를 양보해주면 불쾌해하는 사람도 있습니다. 운동 등을 통해 젊음을 유지하며 스스로를 노인이라고 생각하지 않는데, "할아버지, 여기 앉으세요."라며 자리를 양보해 주면 충격을 받을 수도 있습니다.

창피한 얘기를 하나 소개합니다.

17세 때 친구와 전철을 탔습니다. 얼마 후 전철은 만원이 됐고, 50세 정도 돼 보이는 아주머니가 제 앞에 섰습니다. 저는 자리를 양보했습니다. 아주머니를 위해서가 아니라 친구에게 '나는 이렇게 훌륭한 사람'이란 점을 보여 주고 싶어서였습니다. 몹시 뿌듯한 표정을 짓고 있었을 겁니다. 당시는 그 아주머니가 왜 그렇게 복잡한 표정을 지었는지 이해하지 못했습니다. 지금 생각해 보니 '자리 하나 양보하고 뭘 그렇게 뻐기느냐'는 표정이었던 것 같습니다. 만족이나 감사와는 거리가 먼 표정이었습니다.

가장 바람직한 자리 양보법은 자리를 양보받은 사람이, 그 친절의 대상이 자신임을 알아차리지 못할 정도로 자연스럽게 자리에서 일어서는 것입니다. 앉건 말건 그건 양보받은 사람의 선택입니다. 마찬가지로 진정한 친절이란 상대방이 불편을 느끼지 않도록 마음 깊이 배려하고 스스로 우월감을 느끼지 않는 친절입니다.

곤경에 빠졌거나 어려움에 처한 사람을 도울 수 있는 존재는, 그런 곤경을 극복한 경험과 능력이 있는 사람뿐입니다. 즉 친절이 아니라 강인함이 타인에게 진정으로 도움이 됩니다.

"나는 항상 남에게 친절한데 그 누구도 나에게 친절을 베풀지 않는다."

"이렇게 열심히 일하는데, 회사는 나를 제대로 평가해 주지 않는다."

자신이 한 일을 과대평가하고, 타인이 자신에게 베풀어 준 친절을 과소평가하는 것이 약한 사람의 특징입니다. 성장하려면 겸허해야 합니다.

겸허하다는 것은 자신의 약점과 결점을 솔직히 인정하고 받아들이는 것입니다. 강한 사람은 자신이 강하다고 생각하지 않습니다. 마찬가지로 우수한 사람은 자신이 우수하다고 여기지 않습니다. 그래서 계속 성장할 수 있는 것입니다.

반대로 약한 사람은 허세를 부리고 강하게 보이려 합니다. 자기 자신이 강한 사람이라고 믿으려 합니다. 외견상 강해 보이는 사람은 대개 약합니다. 자신을 그대로 받아들일 용기가 없습니다.

자신이 약하다는 것을 인정하지 않기 때문에 늘 외부에서 원인을 찾고 남의 탓으로 돌리려 합니다. 때로는 그것이 지나쳐 분노와 증오심으로 자라고 범죄를 일으키기도 합니다.

아무 이유 없이 지나가는 사람을 죽이는 '묻지 마 살인'이 발생한 적이 있었지요. 어린이를 노린 경우도 있었습니다. 범행 동기를 조사해 보면 "화가 나서", "세상이 미워서" 그랬고 "대상이 누구건 상관없었다."고 대답합니다.

그들의 최대 공통점은 인내심이 없다는 것입니다. 무엇을 해도 오래가지 못합니다. 생활에 충족감도, 성취감도 없습니다. 아무도 자신을 필요로 하지 않고 관심을 가져 주는 사람도 없습니다. 삶에 즐거움이 없기 때문에 인생에서 가치를 발견하지 못합니다. 자신의 인생이 가치가 없기 때문에 타인의 인생 따위에는 관심이 없습니다. 그들은 실패와 좌절에 직면하는 것을 극단적으로 싫어합니다. 마음에 상처 입는 것을 몹시 두려워하기 때문이지요. 그런 위험을 피하며 살아가기 때문에 타인의 고통과 아픔에는 극히 둔감합니다.

개인의 자질 때문이 아닙니다. 저는 교육의 실패라고 생각합니다. 그들을 강하게 만들지 못하고, 약한 아이 상태 그대로 성인으로 만들어 버린 부모와 국가에 책임이 있습니다.

자원이 풍부한 국가를 제외하면 국가 경쟁력은 교육 수준과 비례합니다. 반면 교육 수준과 범죄 발생률은 반비례합니다. 요즘의 범죄 만연은 실업자 증가, 그리고 교육 실패가 초래한 현상입니다.

학력이란 좋은 학교에 들어가는 데 필요한 것이 아니라, 보다 좋은 삶을 살기 위해 필수적인 것입니다. 자신에게 가장 적합한 삶의 방식을 찾아 내고, 그 분야에서 능력을 발휘하는 것이 올바른 삶의 방식입니다.

그리고 자녀에게 적합한 삶의 방식을 조금씩 조금씩 찾아 내 주는 것이 부모의 역할입니다.

# 왕따에서 벗어난 E군

허약하고 별 볼일 없는 체격을 가진 E군은 항상 입가에 엷은 비웃음을 띠고 다니는 학생이었습니다. 그 어떤 것에도 진지하지 않았습니다. 왕따당하기 십상인 학생이었습니다. 집단으로 놀려 대면 죽을 것처럼 괴로워해 더더욱 놀림을 사는 타입이었습니다. 공부도 물론 엉망이었지요. 어머니도 항상 냉소를 띠고 다니는 사람이었습니다. 저는 그들 가족이 싫었습니다.

어느 날 E군의 어머니가 평소의 냉소적인 분위기로 전화를 걸어 왔습니다. 저는 제가 E군에 대해 평소 생각했던 것을 솔직히 말해 줬습니다.

"중학 입시에 앞서 먼저 해결해야 할 일이 있지 않

겠습니까? 자제분에게선 생명력을 느낄 수가 없습니다. 학원 따위는 당장 때려치우고 보이 스카우트에라도 넣으세요."

어머니로부터 냉소가 사라지고 진지한 말이 나왔습니다.

"사실 저희들도 이미 알고 있었습니다. 그래서 축구 합숙 훈련에 넣어 봤습니다. 하지만 거기서도 왕따당했습니다. 선생님, 왜 우리 아이만 왕따를 당하는 걸까요?"

"자제분의 경박함을 참을 수 없기 때문입니다. 저도 자제분을 싫어합니다."

"……."

그로부터 약 반 년이 지난 어느 날, 항상 E군을 놀려대던 한 학생이 평소처럼 그를 뒤에서 잡으려 했을 때였습니다. E군이 의연한 말투로 "그만두지 못해!"라고 외치며 손을 뿌리쳤습니다.

몹시 놀랐습니다. 아마 가장 놀란 것은 E군 자신이었을 겁니다. 태어나서 처음으로 타인에게 진지하게 저항했기 때문입니다. 그 순간 E군의 왕따 인생은 단번에, 그리고 멋지게 막을 내렸습니다.

그 후 E군에게 몇 가지 극적인 변화가 생겼습니다. 우선 냉소적인 자세가 사라졌습니다. 그는 수업 중에는 의자에 차분히 앉아 있지도 못했습니다. 연체 동물처럼 흐느적거렸습니다. 그런 E군의 앉는 자세가 90도 직각이 된 것입니다. 6학년 중반 이후엔 수학 성적이 눈부시게 향상됐는데, 유감스럽게도 다른 일부 과목에서 점수를 얻지 못해 제3지망 중학교에 들어가게 됐습니다. 하지만 그가 입학한 곳은 변하기 전의 E군을 생각할 때 꿈꾸기도 힘든 수준의 중학교였습니다.

6년 후 E군이 메일을 보내 왔습니다. 사립 최고 명문인 게이오(慶應) 대학에 합격했다는 내용이었습니다.

저는 E군이 왕따당하는 걸 방치했고, 어머니와의 상담에서도 꼴도 보기 싫으니 당장 학원을 그만두라고 했습니다. 왕따 신세에서 구해 내 성적을 향상시켜 주려는 마음이 없었기 때문입니다. 하지만 이들은 떨어져 나가려 하지 않았습니다. 만약 제가 '친절한 선생'이었다면 이들은 어떻게 됐을까요?

왕따 현장을 목격할 때마다 "너희들 중에 E군을 괴롭히는 놈이 있으면 내가 가만두지 않겠다."고 꾸짖고 E군에겐 "선생님은 네 편이니 왕따당하면 바로 말해 다오."라고 했겠지요. 하지만 그런 식으로 약자의 논리로 접근하면 그 학생은 영원히 약자로 끝나고 맙니다.

저는 E군에게서 두 가지를 배웠습니다.

— 본인에게 의지만 있다면 자력으로 왕따 상황에서 벗어날 수 있다.

— 마음에 들지 않아도 본인이 끝까지 해 보겠다고 하는 학생은 절대로 포기하지 말자.

물론 왕따를 당하는 학생에게만 문제가 있다는 것은 아닙니다. 왕따를 시키는 학생들이 나쁘다는 것은 말할 필요조차 없죠. 하지만 자신의 힘으로 왕따에서 벗어날 수 있는 방법이 있다면 한번 시도해 보아야 마땅하지 않겠습니까?

왕따 시대의 E군의 정신 구조를 분석해 보도록 하죠. 항상 비웃음을 흘리고 있었던 것은 상처를 입지 않으려는 방어 구조였던 셈입니다. 진지하게 문제에 도전했다가 실패한다면 상처받게 됩니다. 하지만 냉소적으로 적당히 답을 적으면 틀리더라도 전혀 분하지 않습니다. '내 실력을 다 발휘한 것이 아니니까'라고 자위할 수 있지요. 우연히 정답을 가려 낼 경우 복권에 당첨된 듯 행복해집니다. 괴롭히는 아이에게 정면으로 싸우다가 지면 비참하지만, 냉소적으로 적당히 대하면 그리 분한 마음이 들지 않습니다. E군은 "그만두지 못해"라는 단 한마디로 자신의 인생을 자기 자신의 힘으로 바꿔 냈습니다.



야생 동물의 천국으로 알려져 있는 아프리카의 세렝게티 국립 공원에서는 보통 사람들의 상식으로는 잘 이해가 되지 않는 광경이 종종 목격된다고 합니다. 그것은 커다란 사자가 누워 있는 바로 곁에 사슴들이 떼를 지어 여유 있게 풀을 뜯어먹고 있는 장면입니다. 사람들은 사자가 곧 벌떡 일어나 사슴 한 마리를 잡아먹지 않을까 초조하게 지켜보지만 그런 일은 일어나지 않습니다. 오히려 사자 곁에 있는 사슴들은 다른 맹수들의 공격으로부터 안전하게 보호되고 있다고 봐도 좋다는 것입니다.

사자는 이미 사슴 무리에서 한 마리를 잡아먹은 후이고, 그러면 사나흘 동안은 배가 고프지 않아 절대로 다른 사슴을 잡아먹지 않습니다. 이를 위해 사슴 떼는 자기 무리 중의 한 마리를 따돌려서 쇠약하게 만든 후 사자의 먹이가 되도록 한다는군요. 다시 말해 사슴들은 자신들의 안전을 위해 왕따 사슴을 만드는 것입니다 .



### 왕따를 당하는 학생들의 유형

국무총리 산하 청소년보호위원회가 전국 150개 초·중·고교 1만 4,638명을 대상으로 실시한 학교 폭력 실태 조사에 따르면 조사 학생의 26.1%가 학교 폭력과 왕따 피해를 경험한 것으로 조사됐습니다.

학교별 폭력 피해 현황을 보면 초등학교가 24.3%로 중학교 19.9% 및 고등학교 11.3%보다 오히려 높았습니다.

**왕따를 당하는 학생의 유형으로는**

- 지나치게 민감하고 소심한 성격의 학생

- 대인 관계, 적응력 등의 부족으로 친구가 적은
경우

- 친구들에게 자신의 의견을 주장하지 못하는 경우

- 신체적으로 약한 학생

- 특이한 행동이나 외모를 가진 학생

- 신체적 결함이 있는 학생

등이 있었습니다.

# 학교 붕괴

요즘 학교 붕괴에 대해 많이들 얘기를 합니다. 교사의 강의에는 아랑곳하지 않고 수업 시간에 엎드려 잠을 자는 학생, 휴대폰으로 문자를 주고받는 학생, 만화를 읽는 학생을 드물지 않게 볼 수 있습니다. 이렇게 엉망으로 자라게 되면 타인의 입장을 깊이 고려하고 이해한다는, 기본 중의 기본도 갖추지 못한 채 어른이 돼 버립니다.

학교의 역할을, 낮 시간대에 학생이 번화가를 어슬렁거리는 것을 막는 수용소 정도로 생각하고 있습니다(사실은 밤중에 환락가를 찾는 것이 더 문제입니다). 어리석은 교육 행정의 산물입니다.

버블 붕괴 후 모든 관심이 경제에만 맞춰져, 교육 문제는 완전히 관심 밖으로 밀려났습니다. 아니 관심만 받지 못하면 괜찮지만, 학생들이 노력할 기회마저 박탈하고 있습니다. 학생들을 철저히 쓸모 없는 인간으로 만드는 시스템을 구축해 놨습니다. 그런 상황에서 학생들에게 최후의 일격을 가한 것이 바로 '여유 교육'입니다.

지금의 중장년층은 2차 대전 이후 전쟁의 잿더미 속에서도 포기하지 않고 엄청난 노력을 해서 부를 축적해 냈습니다. 그러나 지금 그들이 쌓아 놓은 부가 허물어진 데 대해 아무도 책임지려 하지 않습니다. 도리어 여유만 강조합니다.

자녀들은 노력과 책임을 포기하는 어른을 모방합니다. 그러니 요즘의 어른들이 자녀들을 질책하거나 교정해 줄 수 있을까요. 낮아진 학력을 올리기는커녕, 교육 수준 자체를 하향화 하고 있습니다.

# 실력의 기초, 초등 학교 때 닦아라

일본 초등학교는 2002년부터 주5일 수업에 들어갔습니다. 소위 '여유 교육' 정책의 결과입니다. '여유'라는 단어에 반감을 갖는 사람은 없겠지만, 현실은 '게으름뱅이 교육', '타락 교육'입니다.

'여유 상환'이란 주택 융자 제도가 있습니다. 이런 식으로 선전하고 있습니다.

"집을 마련하고 싶지만 돈이 없는 사람에게 가장 적합한 융자 제도입니다. 계약금이 없어도 됩니다. 첫 5년 간은 '여유롭게' 편할 대로 갚으면 됩니다. 6년째부터는 조금 빡빡해지지만 그 무렵에는 경기도 좋아지고 수입도 늘어날 것이기 때문에 별 무리가 없을 겁니다. 지금 바로 여러분들이 꿈꾸던 마이 홈을 실현하십시오!"

자기 집을 절실히 원한다면 열심히 일해 계약금을 마련해야 합니다. 그리고 35년짜리 융자 제도를 이용해, 초기에 가능한 한 대출금을 앞당겨 많이 갚아 원금을 줄이고, 20년 후쯤에는 빚을 깨끗이 갚는 것이 제대로 된 주택 구입 방법입니다. 꿈꾸던 새 집에 들어갔다는 행복감이 지속되는 동안에 돈을 갚아 버려야 합니다.

5년 정도 살게 되면 집이란 것은 '있어서 당연한' 존재가 됩니다. 집을 마련했다는 기쁨도 옅어집니다. 그 때는 집 자체가 특별한 즐거움을 주진 못합니다. 그럴 때 매달 갚아야 할 액수가 늘어나면 일할 의욕이 상실됩니다. 돈 갚기가 부담스러워 집을 팔려고 해도 융자 원금은 그대로 남아 있습니다. 집을 팔아도 당장 살 집이 없으니, 다시 집을 살 돈이 필요해집니다. 불행한 결말만이 기다리고 있는 것입니다.

여유 상환의 실태는 이처럼 악몽입니다. 이런 제도를 만든 사람도 정상이 아니고, 좋다고 달려드는 사람도 이해하기 힘듭니다. 여유 교육도 마찬가지입니다.

"단어를 모르더라도, 한자를 쓰지 못해도, 분수 계산을 못해도 문제 없습니다. 자녀는 야외에서 자연과 접촉하고 마음껏 하루하루를 보내야 합니다. 공부는 어른이 돼서 해도 늦지 않습니다."

정상적인 사람의 생각이라고 여겨지지 않습니다. 먼저 즐기고 나중에 노력한다는 것이 과연 가능할까요. 어렸을 때 노력의 귀중함을 깨닫지 못하면 제대로 된 어른으로 성장하지 못합니다.

실력의 기초는 초등학교 때부터 서서히 잡아 가야 합니다.



**실제 일본은 여유 교육으로부터 유턴하고 있다!**

일본 공교육의 기본 원칙인 이른바 '여유 교육'이 폐지되고 국어·수학 등 기본 교과의 성취도를 중시하는 '학력 중시 교육'으로 전환될 전망이다. 이는 학생들의 창의력과 개성을 키우기 위해 도입된 여유 교육이 실제로는 기본 교과를 소홀히 해 학력 저하의 주범으로 작용했다는 비판에 따른 것이다.

고이즈미 준이치로(小泉純一郎) 총리는 오는 21일 정기 국회 개원 연설에서 학력 저하에 대해 심각한 우려를 표명한 뒤 여유 교육을 표방한 학습 지도 요령을 전면 개정하겠다는 방침을 밝힐 예정이다.

기본 교과 수업 확충과 함께 전 학교가 공통의 시험을 보는 전국 학력 시험의 부활도 검토되고 있다. 학교별 성적 비교를 통한 경쟁을 유도해 학력을 끌어올리겠다는 의도다.

일본 교육 당국의 여유 교육 폐지 방침은 국제 학력 비교 조사 결과 일본 학생들의 성적이 경쟁국에 비해 뒤처지는 것으로 나타나면서 일본 사회에 큰 충격을 준 데 따른 것이다. 지난달 경제협력개발기구(OECD)가 내놓은 22개국 학업 성취도 국제 비교에서 일본 고교생은 독해력 14위, 수학 6위로 2000년에 비해 각각 5~6단계 떨어졌다. 전문가들은 그 원인을 한결같이 여유 교육으로 돌렸다.

〈2005년 1월 19일자 중앙일보〉

## 학력은 생존력이다

아마존 오지에서 글도 못 배운 채 벌거숭이 생활을 하는 사람들도 자녀를 철저히 교육시킵니다. 사자나 펭귄조차 진지하게, 목숨을 걸고 새끼를 키웁니다. 교육이란 살아남을 수 있는 기술을 가르치는 것이기 때문입니다.

일본의 교육 담당 부서는 '자유로운 두뇌', '풍성한 마음' 등 멋진 단어를 나열하고 있지만 내용은 아무것도 없습니다. 어린이는 나날이 성장하는 생물입니다. 어른이 될 때까지 몸에 익혀야 할 것이 허다합니다. 해야 할 공부가 사자나 펭귄의 새끼에 비할 바가 아닙니다.

여유란 단어가 가장 잘 들어맞는 경우는 '여유 있는 노후' 겠지요. '사회적인 역할을 마친 고령층이, 세상을 뜨기 전의 짧은 시간에 여생을 즐기는 것'이 바로 여유입니다.

아기는 하루의 대부분을 누워서 지내지만 게으름을 피우는 것도, 여유 있는 생활을 하는 것도 아닙니다. 눈을 뜨고 있는 불과 얼마 안 되는 짧은 시간에도 필사적으로 정보를 얻기 위해 눈을 사방으로 돌리고, 귀를 기울입니다. 즉 아기는 매일매일 열심히 노력하고 있는 것입니다.

아기들도 그렇게 열심히 노력하는데 초등학생이 왜 여유를 부려야 할까요? 그럴 이유가 없습니다. 최선을 다해 먹고 자고 놀고 배워야 합니다. 거기에 여유라는 미적지근한 단어가 들어갈 여지는 없습니다.

교육은 엄격한 것입니다. 교육을 받는 학생도, 교육을 하는 선생님이나 부모도 옷깃을 여미고 자세를 바르게 한 뒤 진지한 마음으로 임해야 합니다. 과거 서당을 연상해 보십시오. 팽팽한 긴장 속에 진지하게 사물을 생각하고 문제를 풀고 문장을 적었습니다. 훈장님의 설명 한 마디도 놓치지 않으려고 집중했습니다. "선생님, 몰라용.", "재미 없어용." 따위의 표현은 생각지도 못했습니다. 이런 것이 제대로 된 교육의 장일 것입니다.

왜 자녀에게 공부를 시킵니까?

좋은 학교에 입학시키기 위해서?

큰 오산입니다.

정답은 '높은 학력을 갖춰 주기 위해서'입니다. 여기서 학력이란, 인간으로서 살아가는 데 필요 불가결한 힘이며, 학력

을 갖추면 합격 따위는 부수적으로, 저절로 따라옵니다. 입시
에 합격하기 위해 학력을 갖추는 것이 아닙니다. 살아남기 위
해, 세상을 살아가기 위해 학력을 쌓은 결과 합격이란 부산물
이 얻어지는 데 불과합니다. 앞뒤를 착각해선 안 됩니다.



**우리 나라도……**

　　새 학기부터 서울시의 초등학교에서 중간 고사와
기말 고사 등 학력 평가가 8년 만에 부활하고 성적표
도 '서술형 평가'에서 성적의 우열이 드러나는 '단계별
평가'로 바뀐다.

　　서울시교육청(교육감 공정택)은 31일 초·중·고교생
들의 학력을 높이는 것을 골자로 한 '서울 학생 학력
신장 방안'을 확정해 발표했다.

　　학력 신장 방안에 따르면 지역 교육청이 초등학교
1~6학년 전 과목에 걸쳐 예시 문항을 개발해 '문제은
행'에 올리면 초등학교들은 이를 토대로 자율적으로 시
험 출제에 활용하도록 한다는 것.

(중략)

초등학교의 성적표도 현행 '서술형 평가' 대신 과목별 영역별로 '매우 잘함', '잘함', '보통', '노력 필요' 등처럼 4, 5단계로 평가해 학부모가 자녀의 학업 수준이 어느 정도인지 알 수 있도록 할 방침이다.

(중략)

또 중고교에서는 사고력과 창의력 개발을 위해 객관식 지필 고사의 비중을 줄이는 대신 서술형 주관식 문제를 늘리기로 했다.

〈2005년 1월 31일자 동아일보 기사〉

## 캥거루족을 양산하는 교육

20세를 넘어도, 30세가 지나도, 마침내 40세가 됐는데도 직업도 없이 집에서 빈둥대는 자녀(자녀라고 불릴 나이는 아니지만 정신 구조는 중학교 1학년 수준에 머물러 있습니다.)에게 부모는 잔소리를 할 수밖에 없습니다.

하지만 부모 말 듣고 개과천선할 사람이라면 30세 넘어서까지 집에서 빈둥거리진 않습니다. 능력을 발휘할 장이 없어 빈둥대는 것이며, 마음 편히 말이라도 할 수 있는 곳은 집밖에 없습니다.

직업도 없이 빈둥거리는 데 대해선 나름의 죄책감이 있기 때문에 평소에는 죽어지냅니다. 하지만 잔소리가 거듭되면 반발합니다. 할 말이 있을 리 없지만 반발합니다. 부모 외에는 자기 말을 진지하게 들어줄 사람이 없기 때문입니다. 그리고 연로한 부모가 지게 됩니다.

부모는 이렇게 말합니다.

"기다려도 기다려도 변변한 직업조차 갖지 못하는 아이에게 화가 난다."

지당한 말씀입니다.

자녀는 이렇게 말합니다.

"뻔한 말을 하고 또 하는 부모에게 화가 난다."

역시 당연한 말입니다.

집에서 쫓아내 버리거나, 자녀가 알아서 나가 주면 이런 문제는 해결될 수도 있지만, 그 또한 쉽지 않습니다.

부모는 "우리가 돌봐 주지 않으면 이 아이는 혼자 힘으로 살아갈 수 없다."고 불안해하고, 자녀는 "혼자 있으면 불안하다. 집에 있으면 먹는 것, 자는 것은 해결되니까."라고 생각하지요.

서로 의지하는 관계를 끊을 수 없습니다. 하나의 인격을 부모와 자녀가 공유한 것과 흡사합니다.

저는 열아홉 살 때 집에서 나와 독립했습니다. 첫 1년 간은 신문 보급소에서 먹고 자며 조석간을 배달한 돈을 모았습니다. 그 돈으로 대학에 다녔습니다. 해가 짧은 겨울, 석간을 배달하다 보면 어느새 어두워집니다. 그럴 때 어디선가 스며 나오는 저녁밥 짓는 냄새에 '아, 가정이란 이렇게 좋은 것이구나!'라고 절감했습니다. 부모님 곁에 있을 때는 고마운 줄 몰랐습니다.



### 캥거루족 늘어난다

박 모(27)씨는 S대를 졸업한 지 5년이 지났지만 한 번도 직장을 구하지 못해 지금도 부모로부터 매월 30만~40만 원의 용돈을 받는다. 그나마 그의 '용돈 명세'에서 학원비와 외출할 때 끌고 다니는 중고 승용차 유지비 등은 제외돼 있다.

민간 기업을 빼더라도 자격증 시험 2번, 공무원 시험에서 4번 낙방하느라 꽤 많은 돈이 들었을 법하지만 부모는 "월 100만 원 정도 받는 불안한 직장에 덜컥 들어가느니 조금 더 고생하더라도 번듯한 곳을 고르라."며 오히려 그를 격려한다.

'캥거루족(族)'. 1998년 봄 프랑스의 시사 주간지 『렉스프레스』는 대학 졸업 후 취직할 나이가 됐으면서도 임금이 적다고 독립하지 않거나 정신적인 문제로 부모에게 얹혀사는 새로운 20대들의 성격을 이렇게 표현했다.

어미 배 주머니에서 젖을 빨며 6개월에서 1년을 보내야만 독립하는 캥거루의 습성을 빗댄 말로 당시 프랑스 청년 실업자의 80%가 생계를 부모에게 신세진다는 이 잡지의 보도는 사회에 큰 충격을 안긴 바 있다.

노동부에 따르면 국내에서도 '캥거루족'과 유사한 청년 실업자가 늘고 있다. 독립한 청년층의 취업률이 87%나 되는 반면 부모와 함께 거주하는 청년층의 취업률은 68%로 20%포인트 가까이 차이가 나고 있다.

고려대 김동원(金東元·경영학) 교수는 "전반적으로 한국 청년들은 '몸을 던져 무언가를 이뤄 내겠다'는 직업 의식이 부족하다."며 "대학 때부터 아르바이트 등으로 사회 밑바닥을 경험해 보는 것도 한 방법"이라고 말했다.

〈2004년 8월 19일자 조선일보 기사〉

# 상처는 빨리 입을수록 좋다

칼을 못 만지게 하면 자녀는 칼의 위험을 모르게 됩니다. 과연 바람직한 일일까요? 아이들이란 세상 모든 일에 관심을 가지며 직접 해 보고 싶어합니다. 어머니가 칼로 야채 써는 것을 보면 자신도 하고 싶어합니다. 물론 좀 더 큰 다음에 해 보라며 말려야지요. 하지만 초등학생 정도라면 한 번쯤 과도를 건네 줘도 좋습니다.

과일을 깎다가 손을 베일 수도 있습니다. 아프겠지요. 태어나서 처음으로 상처를 받아 큰 충격을 받을 수도 있습니다. 그때는 재빨리 소독, 지혈, 반창고 등의 처치를 하고, 울음이 멎을 때까지 안아 주면 됩니다.

만약 무사히 과일을 깎았다면 자신감을 갖게 되겠지만, 그 자신감 때문에 한 번은 반드시 손을 베일 것입니다. 처음으로 칼에 베이는 시기가 빠를수록 좋습니다.

상처를 입지 않는 일이 거듭되면 "이 아이는 솜씨가 좋다."
며 부모 역시 방심하게 될 것입니다. 아이도 "나는 칼 다루는
솜씨가 좋아서 부상 따위는 입지 않을 것"이라고 착각하게 됩
니다. 그렇게 자신이 붙었을 때 큰 상처를 입습니다. 첫 상처
를 입는 시기가 늦어질수록 충격은 큽니다. 따라서 이른 시기
에 첫 상처를 경험하는 것이 좋습니다.

한 번이라도 실패를 경험한다면 칼을 신중히 다룰 것입니다.

상처를 입은 자녀를 바라봐야 하는 것만큼 부모를 아프게
하는 일도 없습니다. 자신의 신체 일부가 잘려 나가는 아픔을
느낍니다. 그렇다면 마음이나 육체의 상처를 입지 않고 살아
가는 것이 행복일까요? 물론 그렇지 않죠. 그리고 그건 현실적
으로도 불가능합니다. 한 번도 칼에 베이거나 찰과상을 입지
않고 평생을 살 수는 없습니다. 사람들과 더불어 살다 보면 반
드시 상처를 주고받기 마련입니다. "태어나서 한 번도 상처를
입지 않았다."고 단언할 수 있는 사람은, 타인에게 상처를 주
고도 이를 알지 못하는 신경이 둔감한 사람뿐입니다.

# 자립의 싹을 꺾지 말자

30세가 넘어서까지 집안에 틀어박혀 있는 사람에게도 자립이 싹텄던 시기가 있었을 겁니다. 흔히 반항기라고 부르는 시기이지요. 그 시기에는 아무런 이유 없이 부모가 밉습니다. 그런 징후가 발견되면 부모는 한 발 물러나야 합니다. 힘으로 누르면 자립의 싹이 꺾이고 말기 때문입니다.

부모가 자립의 싹을 짓밟아 버리면 언제 다시 싹이 돋을지 모릅니다. 영영 싹트지 않을 수도 있습니다.

자녀의 나이가 20세를 넘고, 부모가 자녀를 '가지고 노는데' 질려 이제 슬슬 독립하라고 해도 때는 늦습니다. 자신이 독립의 싹을 짓밟아 놓고선 이렇게 멋대로 해선 안 됩니다. 이런 상황까지 왔다면 평생 돌봐 줘야 합니다. 절대 자녀보다 먼저 죽으면 안 됩니다. 자활 능력이 없는 자녀를 사회에 떠맡기고 자신만 죽어서는 안 됩니다. 자녀가 평생 어려움을 겪지 않

을 만큼의 재산을 남겨 놓든가, 죽을 때 저승길로 같이 데려가
야 합니다.


"너에겐 아직 엄마가 필요해."라며 자녀가 품에서 벗어나
지 않기를 바라는 어머니가 있습니다. 이것은 아이의 성장(=자
녀의 행복)보다는 어머니 자신의 만족을 우선시하는 것입니다.
어머니로서 실격이지요.

이런 어머니에게 저는 이렇게 제안합니다.

"자녀를 애완 동물처럼 다루지 마세요. 고양이처럼 귀여워
하고 싶다면 고양이를 사십시오. 지금 바로 애완 동물 가게로
가서 가장 연약하고 죽음을 목전에 둔 새끼 고양이를 사세요.
그리고 온 정성을 다해 간호하고 키우십시오. 고양이가 아무
리 어리광을 부려도 상관없습니다. 자립시킬 필요가 없는 존
재니까요."

최소한 고양이를 돌보는 동안에는 자녀가 어머니의 손에서
조금이라도 놓여날 수 있지 않을까요?

자녀가 자립기(=반항기)에 접어들었다면, 재촉하거나 강요
하지 마십시오. 자립기에 접어든 자녀는, 머리로는 부모님 말
씀이 옳다는 사실을 알면서도, 잔소리가 계속되거나 부모가
강요하면 반대 방향으로 가기 마련입니다. 부모의 주술에서

풀려나는 것이 자립이기 때문입니다.

인간에게는 지배받기를 거부하는 본능이 있습니다. 하지만 사람들은 부모가 되고 나면 자신의 자립기 시절을 깡그리 잊는 것 같습니다. 자립기를 잘못 보내 '시들어 버리는' 케이스는 이 외에도 많습니다.

'이렇게 돼 줬으면'이란 부모의 기대를 자녀들이 알아차리지 못해야 합니다. 무관심한 척해야 합니다. 20세 전후에 자기 발로 집을 떠날 수 있는 환경을 만들어 두어야 합니다. 자활이 얼마나 어려운지 알게 된다면 부모에게 반발하는 것, 즉 쓸데없는 것에 에너지를 허비하는 것이 얼마나 어리석은 짓인지 알게 됩니다.

어미 새는 새끼를 둥지에서 쫓아냅니다. 새끼가 어느 정도 크면 어미는 먹이를 주지 않습니다. 아무리 울고, 아무리 애타게 불러도 먹을 것이 생기지 않기 때문에, 겁먹은 채 둥지 가장자리까지 다가간 뒤 목숨을 걸고 둥지 밖으로 뛰어내립니다. 그리고 날아오릅니다.

인간의 어머니들은, 참새나 제비의 어미한테 배워야 합니다. 둥지에서 날아오르려는 새끼에게 "네가 떠나면 외로우니까 조금만 더 있어 달라."며 둥지 속으로 잡아끌어서는 안 됩니다. 그러면 새끼는 언제까지고 둥지에 머물면서 부모가 주는 먹이만 먹고 살려고 합니다. 무슨 일이 벌어질지 모르는 바깥세상보다 둥지 안이 안전하기 때문입니다. 그리고 부모가 없어지면 둥지 안에서 굶어 죽을 것입니다. 과연 그러기를 바라십니까? 자녀의 행복(=자립)보다 자신의 행복(=모성을 충족시키는 일)을 우선하겠습니까.

아이는 하늘이 주신 선물이라고 합니다. 동시에, 맡겨진 것입니다. 절대 소유물이 아닙니다. 언젠가는 사회에 돌려 줘야 할 존재입니다. 그런 마음가짐으로 자녀를 키우십시오.

보답은 없습니다. 부모가 맡은 배역은 보답받지 못하는 조역입니다. 자녀만이 인생의 보람이라고 생각하시는 분은, 자녀가 둥지를 떠난 뒤의 인생 설계를 해 두어야 합니다.

## 슬픔의 극복으로 강한 아이를

'여유 교육'이란 표현이 나왔을 때 '마음의 교육', '생명 교육' 등도 함께 등장했습니다. 요즘은 거의 접하지 못하는 표현입니다. 제대로 실현된 것이 없으니 당연합니다.

아이들은 때로는 무자비하고 잔혹합니다. 아무 생각 없이 곤충의 날개나 다리를 떼어 내고 밟아 죽입니다. 하지만 무자비하고 잔혹하다기보다는 무지한 것일 뿐입니다. 자녀들에게 생명의 존귀함을 알려 주려면 어떻게 해야 할까요.

다시 한 번 저의 부끄러운 경험을 소개합니다.

어린 시절, 집 주변에 동물과 곤충이 많았습니다. 초등학교 저학년 무렵 곤충과 물고기를 잡아와 키웠는데, 거북이 외에 장수한 것은 별로 없었습니다. 곤충이나 물고기가 죽어도 그리 슬프지 않았습니다.

2학년 무렵 부모님이 십자매 한 쌍을 사 주셨습니다. 새끼가 태어났지만 도망가거나 죽거나 해서 1년 만에 모두 사라졌습니다. 곤충이나 물고기보다는 슬펐지만 눈물이 나올 정도는 아니었습니다.

다시 새끼잉꼬를 사 주셨습니다. 먹이를 물에 불려 먹여 줬는데 우는 소리가 사랑스러웠습니다. 태어나서 처음으로 생물에 대한 사랑을 느끼게 됐습니다.

새끼잉꼬는 인간에 대한 경계심이 없어서 제가 누워 있으면 제 옷 속으로 들어왔습니다. 어느 날 밤 그 잉꼬는 제 몸에 눌려 죽고 말았습니다. 불과 몇 시간 전까지 귀엽게 돌아다니던 잉꼬가 차갑게 굳은 시체가 된 것이었습니다. 온갖 노력을 다 해 봤지만 살아나지 않았습니다.

태어나서 처음으로 '돌이킬 수 없다'는 것의 의미를 가슴으로 알게 됐습니다. 너무도 소중한 것을 잃어 가슴이 찢기는 슬픔이 무엇인지 실감했습니다. 처음으로 생명의 의미와 가치를 깨달았습니다. 다음날 아침 울면서 잉꼬를 묻으러 갔습니다. 두 손을 모으고 깊이 반성했습니다. 그 사건 이후 저는 생명 있는 모든 것을 소중히 여기게 됐습니다.

애완 동물이 아이들 정서에 좋다고 합니다. 하지만 살아 있는 것을 돌보고 귀여워하는 것보다, 이 세상에서 가장 소중한 것을 잃는 경험이 더 큰 의미가 있습니다.

사랑을 쏟던 애완 동물이 죽으면 애들이 너무 슬퍼한다는 이유로 애완 동물을 키우지 않는 사람들이 있지만 잘못된 생각입니다. 애완 동물과 함께 지낸 즐거운 기억은 없어지지 않으며, 무엇보다 자녀가 생명의 의미와 가치를 깨닫는 기회를 갖게 됩니다. 치료할 수 있는 상처라면 몸의 상처건 마음의 상처건 계속 경험해야 합니다. 아픔과 슬픔을 경험하고 이를 극복함으로써 강해집니다. 타인에 대한 배려와 친절이 싹틉니다. 그런 경험이 없이 어른이 돼 버린다는 것은 몹시도 무서운 일입니다.

# 5장

● 공부 본능 제대로 키워 주기 3단계

# 나만의 공부 스타일 찾기

효율적이고, 낭비가 없는 공부법 따윈 존재하지 않습니다. 각자 시행착오 끝에 자기 나름의 공부법을 찾아 내는 것입니다. 자신의 스타일을 구축하면 성공하고 구축하지 못하면 실패합니다. 시행착오의 과정이야말로 돈을 주고도 살 수 없는 소중한 것입니다.

그리고 그런 시행착오는 되도록 일찍, 가능하면 초등학교 때 겪고 빨리 자신의 스타일을 찾아 내는 것이 좋습니다.

# '학문의 왕도'는 있다

과거에 수학은 귀족들의 고귀한 소양이었습니다.

"어제 이 문제를 풀다가 이런 법칙을 발견했습니다."

"아, 그래요. 그건 제가 2주 전에 이미 발표한 거랍니다."

귀족들이 과연 이런 대화를 나눴는지는 확인할 수 없지만 수학은 귀족들의 고상한 취미 중 하나였습니다.

한 임금님이 명망 있는 학자에게 물었습니다.

"짐에게 수학을 빨리 깨우칠 수 있는 방법을 가르쳐 줄 수 있겠는가?"

"위대하신 폐하의 명령이지만, 그 누구에게도 불가능한 일입니다."

이것이 '학문에 왕도는 없다'는 말의 어원이었으리라 생각합니다. 제아무리 막대한 재산을 갖고 있어도, 막강한 권력을 휘둘러도 학문만은 하루아침에 손에 넣을 수가 없습니다. 역

으로 말하자면 '학문의 왕도'란 것은, '끊임없이 생각하는 것'
이란 사실을 말해 줍니다.

　'생각하고, 생각하고, 또 생각한다. 이해가 안 되어도, 풀
리지 않아도 끊임없이 연구하고 생각한다.'

　이것이 바로 학문의 왕도입니다.

제 수업은 커리큘럼을 공표하지 않기 때문에 학생들은 예습 없이 교실에 들어옵니다. 어떤 문제가 나올지 모르며, 그날 출제된 문제는 힌트 없이 풀어야 합니다. 학생들은 해법은 잘 모르지만 하여간 끊임없이 생각하게 됩니다. 모든 학생이 문제를 푸는 데 실패했을 때에만 약간의 힌트를 주고, 누군가 한 명이라도 정답을 알아 내면 거기서 문제 풀기를 중단시키고 간단히 설명(이해하기 쉬운 설명이란 뜻은 아닙니다.)해 주고 나서 다음 문제로 넘어갑니다.

저는 수업 중에 혼내지도, 화를 내지도 않지만 교실 분위기는 항상 긴장으로 팽팽합니다. 수업을 시작할 때 인사도 받지 않습니다. 제가 칠판에 다가가면 학생들은 노트를 펼치고 연필을 쥐고는 임전태세에 들어갑니다. 제가 평상시 말하는 속도로 칠판에 문제를 쓰면 일제히 베끼고 풀기 시작합니다. 누구 한

명 말하는 사람이 없습니다. 그저 생각하고, 그저 답을 찾습니다. 하지만 제가 내는 문제는 쉽지 않기 때문에 성공하는 학생이 많지 않습니다. 그래도 모두들 생각하고 풀려고 노력합니다. 이 때 학생들 머리는 의문 부호로 가득 차게 됩니다.

그리고 제가 설명해 주면 마른 모래가 물을 빨아들이듯 흡수합니다. 하지만 학생들이 제 설명을 이해하지 못해도 그만입니다. 학생들은 머리에 의문 부호가 가득한 상태로 집에 돌아갑니다. 뇌는 잠든 사이에도 활동합니다. 머리 어디에선가 그 문제를 풀려고 애씁니다. 그러면 다음날, 혹은 몇 주 뒤, 아니면 몇 개월, 몇 년 뒤에 그 문제가 풀리는 때가 오게 됩니다. 바로 학문의 진리를 맛보는 순간입니다.

# 모를 때는 물어봐라? –NO!

'물어 보는 것은 순간의 수치, 묻지 않는 것은 평생의 수치'라는 격언이 있습니다. 예를 들어 빨간 넥타이와 검은 넥타이밖에 없는 사람이 있다고 합시다. 어느 날 친척 장례식에 가게 됐습니다. 이 사람은 어떤 넥타이를 매야 할지 판단이 서지 않아 망설이다가, 남에게 물어 보면 웃음거리가 될까 봐 그냥 빨간 넥타이를 매고 장례식에 참석했습니다. 그 사람은 친척들로부터 비웃음을 샀습니다. 무엇이 잘못되었을까요?

모를 때는 물어 봐야 합니다. 가능하다면 연장자가 좋겠지요. '묻지 않는 것은 평생의 수치'란 말은 이처럼 관혼상제나 일상 생활에 종종 적용되는 말입니다. 하지만 수학에는 절대 들어맞지 않는 격언입니다.

아무리 생각해도 풀리지 않던 문제가, 혹은 머리를 쥐어짜도 생각나지 않던 사람의 이름이 한순간에 생각났던 일은 없습니까?

인간의 머리에는 '결제'와 '미결'이란 두 가지 캐비닛이 있는 것 같습니다. 설명을 듣고 이해하게 되면 그 문제는 결제라는 캐비닛에 들어가 버립니다. 머리가 더는 그 문제를 생각하지 않게 되지요.

몇 시간씩 파고들었지만 풀리지 않아 고민했던 문제, 하지만 교사에게 해답을 묻지 않았던 문제는 미결의 캐비닛에 들어갑니다. 그리고 머리 어디선가는 항상 그 문제를 생각하고 있습니다. 그래서 잊고 지내는 것 같지만 갑자기 해답이 떠오르는 것입니다. 고민한 기간이 길수록 기쁨은 커집니다.

선생님이나 학부모나 자주 질문하는 아이를 칭찬합니다. 하지만 수학에 관해서는 '물어 보는 것이 평생의 손해'라는 것이 진리입니다. 죽었다 깨어나도 풀리지 않는 문제는 일단 포기하고 머리의 '미결'란에 넣어 두는 것이 좋습니다.

**유레카~!**

현대인들 누구나가 알고 있는 그리스 단어가 하나 있다. 바로 아르키메데스가 외쳤다는 '유레카(Heureka)' 이다.

히에론 왕은 어느 날 금세공인에게 순금으로 왕관을 만들게 하였다. 금세공인이 왕관을 만들어 왔을 때 왕은 그가 금을 빼돌리고 다른 물질을 섞어 왕관을 만들지 않았는지 의심이 들었다. 왕은 당시에 총애하던 물리학자 아르키메데스를 불러 이것을 확인할 방법이 없겠는가 물었고, 당장 대답할 수 없었던 아르키메데스는 고민하기 시작했다. 온갖 궁리를 하고 또 해도 도

저히 방법을 찾을 수 없어 하루 종일 머릿속에 온통 그 생각뿐이던 아르키메데스가 공중 목욕탕에서 몸을 물에 담그는 순간 욕조의 물이 밖으로 넘치게 되었다. 그리고 이것을 본 아르키메데스의 머리에는 섬광처럼 스치는 것이 있었으니, 바로 '부력의 원리'였다. 흥분한 그는 옷도 입지 않은 채 목욕탕에서 뛰어나와 "알아 냈다! 알아 냈다!(Heureka! Heureka!)"라고 외치며 집으로 달려갔다. 그리고 즉시 자신의 생각을 증명하는 실험에 착수했다.

아르키메데스란 학자는 어떤 문제에 집중해 있을 때에는 다른 모든 것을 잊어버릴 정도로 집중해서 생각하고 또 생각했다고 합니다. 풀리지 않았던 문제의 해법이 떠오르면 이토록 즐겁습니다. 심지어 자신이 벌거벗고 있다는 사실조차도 잊을 정도로. 고민한 기간이 길수록 해답을 찾아 냈을 때의 기쁨도 커집니다. 따라서 학문의 왕도를 가게 하는 첫걸음은 학생들의 머릿속에 의문 부호를 가득 채워 주는 것입니다.

제 수업에는 스릴, 스피드, 서스펜스가 있고, 학생들은 한 시도 정신을 딴 데 팔 수 없습니다. 숨막히는 긴장감 속에서 머리를 100% 가동시킵니다. 해답을 찾아 내도 함정이 있을지 모른다며 거듭 답을 점검하게 합니다. 수업 시간에 내는 문제를 모두 푸는 학생은 없으며, 불친절한 해설을 전부 이해하는 학생도 없습니다. 모두들 머리에 의문 부호가 가득한 가운데 집으로 돌아갑니다.

강사 초창기에는 '이런 상태에서 학생들을 귀가시켜도 될까?' 하고 걱정했지만 아무리 이해력이 부족한 학생도 머리를 계속 사용하면 결국 자립할 수 있고 학력도 좋아지며 입시에서도 합격하고 합격한 후 그 일류 학교에 잘 적응하는 법입니다.

머릿속의 의문 부호가 하나 하나 사라질 때마다 희열을 느끼며 학력이 향상됩니다. 이것이야말로 학문의 왕도입니다.

물론 머릿속에 의문 부호가 생겨나지 않는 학생도 있습니다. 문제에 흥미를 갖지 못하므로 풀고 싶은 마음도 생기지 않습니다. 학원에 와서는 필기만 하고 돌아갈 뿐입니다. 부모가 아무리 열심히 설명해도 소용없습니다. 부모가 어떻게 해야 하느냐고 묻습니다.

"모릅니다. 실력을 향상시키고 싶다면 한없이 향상시키면 되고, 원하지 않는다면 그냥 그대로 살면 됩니다.”

제 해답은 이것뿐입니다.

# 수학 퍼즐

남미 갈라파고스 군도로 여행을 가서 객실이 6개인 다이버 전용 선박을 빌려 열흘 간 지낸 일이 있습니다. 일정이 없는 시간에 원고를 마무리할 생각이었으므로 출판 예정인 수학 퍼즐 문제집 원고를 가지고 갔습니다. 첫째 날, 저녁 식사 전에 선원들과 손님들이 자기 소개를 하는 시간이 있었고, 저는 "수학 수업을 통해 아이들의 머리를 좋게 하는 일을 하고 있습니다. 다음 달에 제가 쓴 『머리를 좋게 해 주는 책』이 나옵니다."라고 말했습니다. 그러자 선원들 모두가 기술자 한 사람을 붙들고 "부디 이 녀석 머리 좀 좋게 만들어 달라."고 부탁하는 것이었습니다.

식사 뒤 와인에 기분 좋게 취한 저는 그 기술자를 불러 "제가 열흘 안에 당신을 똑똑하게 만들어 드리겠습니다."라며 제일 쉬운 퍼즐책을 그에게 주었습니다.

작은 배여서 하루에도 몇 번씩 얼굴을 마주쳤는데, 그가 문제를 푸는 데 성공했다는 낌새는 없었습니다.

"풀었어?"

"아직. 조금만 기다려요."

"내가 배에서 내리기 전에 그 퍼즐을 풀면 멋진 선물을 주지."

승선 4일째가 되던 날, 다이빙을 마치고 평화롭게 저녁 식사를 하는데 난리가 났습니다. 선원들이 펄쩍펄쩍 뛰며 기뻐하고 있었습니다.

그 때 그 기술자가 당당하게 몸을 흔들며 내게 걸어왔습니다. 그는 걸레가 되다시피 한 퍼즐책을 건넸습니다. 펼쳐 본 순간 정답임을 알았습니다. 하지만 장난기가 발동해서 퍼즐을 뚫어지게 바라보며 "음, 쯧쯧……." 하고 중얼거렸지요.

기술자의 얼굴에는 좀 전의 자신감으로 가득 찼던

표정 대신 불안감이 떠올랐습니다. 다른 선원들도 마른
침을 삼키며 저를 바라봤습니다.

저는 천천히 소파에서 일어나 큰 소리로 "정답! 축
하합니다."라고 외친 뒤 그의 어깨를 다독거려 줬습니
다. 다시 큰 소동이 일어났지요.

멋진 상품을 가져올 테니 잠시 기다리라고 한 뒤 내
방으로 돌아갔습니다. 물론 멋진 상품이 준비됐을 까닭
이 없습니다. 이것저것 뒤지다가 제가 상품으로 선택한
것은…….

"축하합니다. 상품은 퍼즐 제2권입니다."

기술자는 어안이 벙벙했지만 이내 다시 그 문제 풀
이에 몰두하기 시작했습니다.

두 번째 퍼즐은 하루 만에 풀어 냈습니다. 그 뒤로
엔지니어는 저를 만날 때마다 퍼즐을 달라고 했습니다.

"전에 준 건 다 풀었어요?"

"문제 없어. 곧 끝나요."

그가 새 퍼즐을 받을 때마다 선장을 포함한 선원들
이 테이블에 모여 그 퍼즐을 냅킨에 복사한 뒤 함께 풀었습니다. 문제를 푸는 속도는 점차 빨라졌고, 시간이 지나면서 이들은 심지어 "너무 쉽네. 좀 어려운 거 없어요?"라고 묻기 시작했습니다. 배에서 내릴 때는 제가 가지고 온 퍼즐을 모두 건네 줬고 그들은 보물이라도 되는 양 기꺼이 받았습니다. 너무 재미있었다며 집에 돌아가 아이들과 함께 풀어 보겠다고 했습니다.

퍼즐 덕분에 저는 가장 인기 있는 사람이 됐습니다. 이렇게 '머리를 쓴다'는 것은 흥미진진한 일입니다. 이러한 기쁨을 아는 것이 바로 공부의 왕도를 걷는 첫걸음입니다.

# 나만의 공부 스타일을 구축한다

이런 질문을 받곤 합니다.

"효율적이고 시간 낭비 없는 공부법이 없을까요?"

이것은 "실패와 좌절을 전혀 겪지 않는, 성공으로 가득 찬 인생을 보내려면 어떻게 해야 합니까?"라는 질문과 같습니다. 세상을 너무 우습게 보는 질문이지요. 실패와 좌절로부터 많은 것을 배울 수 있는 사람만이 성공을 거둡니다. 오로지 성공으로 점철된 인생이란 없습니다.

엄청난 초능력을 갖게 돼 세상 모든 것을 자기 마음대로 할 수 있다면 행복할까요? 문제를 보는 순간 해답이 떠오르고, 어떤 시험을 봐도 모두 만점이며, 복권을 살 때마다 수십억 원씩 당첨되고, 세상 사람들이 모두 시키는 대로 움직이고……. 그런 세상에서 하루 하루를 보낸다면 즐거울까요?

금세 싫증날 겁니다. 저라면 절망감에 빠져서 죽고 싶을 겁니다. 세상사란, 일이 잘 풀리지 않기 때문에 재미있는 것입니다. 효율적이고, 낭비가 없는 공부법 따윈 존재하지 않습니다. 각자 시행착오 끝에 자기 나름의 공부법을 찾아 내는 것입니다. 자신의 스타일을 구축하면 성공하고 구축하지 못하면 실패합니다.

따라서 합격 체험기 따위는 별 도움이 되질 못합니다. 위인전에 씌어진 대로 따라 해 봐도 위인이 되진 못합니다. 자라난 환경이 같은 형제에게 같은 일을 시켜도 같은 결과가 나오지 않습니다. 하물며 다른 사람의 경험을 똑같이 해 본들 같은 결과가 나올 리 없습니다. 착각일 뿐입니다.

안이하게 결과만을 추구하는, 자기 힘으로 해결하지 않고 다른 사람에게 물어 보려고만 하는 자세를 버려야 합니다. 시행착오의 과정이야말로 돈을 주고도 살 수 없는 소중한 것입니다.

그리고 그런 시행착오는 되도록 일찍, 가능하면 초등학교 때 겪고 빨리 자신의 스타일을 찾아 내는 것이 좋습니다.

자녀가 초등학생이라면 충분히 시행착오를 겪을 수 있도록 기회를 주고 지켜봐 주십시오.

# 후회하지 않는 선택의 기술

'신(信)'과 '의(疑)' 중 어떤 글자를 좋아하십니까? 물론 신이겠지요. 그렇다면 믿는다는 것과 의심한다는 것 중 어떤 것이 중요할까요?

적어도 공부할 때는 의심하는 것이 중요합니다.

'사람을 의심하기보다는 믿어 주고, 그러다 배신당하는 것이 낫다'는 노래 가사가 있는데, 도시에서 살아나가는 데에는 극히 부적절한 주장입니다. 그렇게 살다가는 아무리 돈이 많고 목숨이 몇 개씩 있어도 부족합니다.

영어로 '거짓말하다'는 'tell a lie', '사실을 말하자면'은 'tell the truth'입니다. a lie의 'a'는 a pen, a desk의 a처럼 세상 어디에나 있는 것을 나타낼 때 사용합니다. 반면 the truth의 'the'는 the earth, the world처럼 세상에 하나밖에 없는 것을 지칭할 때 쓰입니다.

진실은 하나입니다. 따라서 무엇인가를, 혹은 누군가를 쉽게 믿어 버리는 것은 매우 위험합니다. 의심을 거듭하다가, 더는 의심할 여지가 없을 경우 처음으로 믿을 수 있게 되는 것입니다. 믿는다는 것은 '계속 의심하는 것을 그만두는 행위'라고 바꿔 표현할 수 있습니다.

수학 문제에는 정답이 하나밖에 없습니다. 처음에 얻은 답이 정답이라고 믿어 버리는 것은 매우 위험합니다.

"정말로 이 숫자가 정답일까?"

문제를 다시 읽고, 도출해 낸 정답을 문제에 적용해 보고, 모순이 없음을 확인한 뒤에야 정답이란 확신을 얻을 수 있습니다. 이런 점검은 인생에서도 매우 중요합니다.


한 마라톤 선수가 '라스트 스퍼트에 나서는 타이밍이 언제인가.'라는 질문에 "내 몸과 상의해서 결정합니다."라고 대답했습니다. 제 경우 내부의 목소리에 귀를 기울이라고 자신에게 말합니다. 저는 인생의 기로에 섰을 때 두 가지를 명심합니다.


— 서둘러 결론내리지 않는다.
— 정답은 쉽게 나타나지 않는다.

많은 방안 중 하나만을 고르기는 매우 어렵습니다. 제 경우 여러 방안 중 '이건 절대 안 돼.'라고 생각하는 것을 하나씩 제거합니다. 남은 방안들에 대해서도 마찬가지로 싫어하는 순서대로 제거해 갑니다. 선택 방안이 하나만 남을 때까지 이런 작업을 계속합니다. 때로는 선택 방안을 모조리 제거한 경우도 있습니다. 그럴 때는 그 작업을 잠시 미뤄 둡니다.

대개의 경우 가장 가혹한 선택 방안이 마지막에 남습니다. '또다시 엄청난 짓을 해야 하나.'라고 한숨을 쉬면서 그 방향으로 나가게 됩니다. 하지만 이렇게 결정하면 후회하는 일이 적습니다. 쉽게, 안이하게 믿는 것은 탐구를 포기하는 것이며, 후회로 연결되는 경우가 적지 않습니다.

# 쉽게 얻은 것은 쉽게 나간다

'쉽게 번 돈은 쉽게 나간다'는 말이 있는데, 돈에만 국한된 말은 아닙니다. 노력에 걸맞지 않게 얻어 낸 큰 성과는 사람을 행복하게 만들지 못합니다.

이 격언을 공부에 적용시켜 보겠습니다.

A, B, C, 3명이 수학 문제에 도전했습니다. A는 5초 만에 정답을 얻었습니다. B는 하루 꼬박 문제에 매달려 해답을 찾아 냈습니다. C는 5초 만에 포기했습니다.

3명을 현재의 학력순으로 배열하자면 A 〉 B 〉 C입니다. 하지만 문제 풀이를 통해 가장 많은 것을 얻은 학생은 B 〉 A ≧ C 순이 됩니다. A와 B는 모두 정답을 얻었지만 5초 만에 푼 A에겐 그 문제가 풀 만한 가치가 없는 것이었습니다. B는 하루 종일 격투를 벌이느라 머리를 많이 썼고, 그만큼 똑똑해졌습니다. 더구나 정답까지 얻어 냈기 때문에 큰 충족감과 성취감을 얻을 수 있었습니다. C는 물론 거론할 가치도 없습니다.

문제를 풀었다고 해서 학력이 올라가는 것은 아닙니다. 5초 만에 풀 수 있는 문제는 100만 번 풀어도 의미가 없습니다. 풀지 못해도 흥미를 갖고 달려들 수 있는 문제를 만나는 것이 중요합니다. 정답을 찾아 낸 문제의 개수만큼 학력이 올라가는 것이 아니라, 머리를 쓴 만큼 똑똑해지는 것입니다.

문제에 따라 다양한 해법이 있으며, 해법 Ⓐ의 경우 1분 만에 풀 수 있지만 해법 Ⓑ라면 10분 이상 걸리는 일도 있습니다. 어느 쪽의 해법이 이득이 될까요. 물론 입시 때는 Ⓐ 방식이 압도적으로 유리합니다. 그렇다면 Ⓑ는 전혀 소용이 없는 걸까요? 절대 그렇지 않습니다.

제 교실에서는 초등학교 3학년 때는 퍼즐만 풀고, 4학년부터 수학 수업을 시작합니다. 커리큘럼은 매우 빠르게 진행되므로 4학년 12월에는 중학 입시의 모든 범위가 끝납니다. 4학년 1학기 때부터 처음에는 가능한 한 공식을 사용하지 않은 채 풀게 합니다. 시간만 충분하다면 처음 수준의 문제는 정답을 도출해 낼 수 있습니다.

힌트를 전혀 주지 않은 채 문제를 풀게 합니다. 물론 나중에 설명을 해 주지요. 처음에는 공식을 가르쳐 주지 않고 학생들 나름대로 독자적인 해법으로 풀게 합니다. 시간이 다 되면 어떻게 푸는지 설명한 뒤, 그 문제를 푸는 데 사용되는 공식과, 공식에 의한 해법을 설명합니다. 이 때 공식 없이 머리를 써서 문제를 풀 수 있었던 학생은 공식을 이용하는 해법도 바로 이해합니다. 반면 문제를 풀려는 의지가 약했던 학생은 전혀 이해하지 못합니다.

머리를 쓰면서 문제를 푸는 것을 싫어하는 학생은 나중에 선생님이 가르쳐 주는 공식만 외우려 합니다.

다음에는 조건이 좀 더 복잡한 문제를 냅니다. 처음의 문제를 머리를 써서 풀었던 학생은 이번에도 열심히 머리를 쓰면서 풀려고 하고 정답까지 도달합니다. 하지만 공식만 외운 학생은 "어, 아까보다 조건이 하나 늘었네. 이걸 어떻게 풀지? 이따가 선생님이 가르쳐 주겠지."라며 포기합니다.

여기서 학력 차가 벌어지기 시작합니다. 머리를 쓰며 논리적으로 문제를 생각하는 것은 매우 유효한 무기이며, 최근 입시에서 곧잘 나오는 사고력 문제, 논술 문제는 대개 이런 식으로 접근해야 정답을 구할 수 있습니다.

공식을 사용하지 않고 논리적으로 문제를 푸는 것은 시간 낭비라며 공식만 외우려는 학생은, 시간이 아무리 흘러도 실력이 축적되지 않습니다. 실력이 축적되지 않기 때문에 수업을 듣는 것 자체가 낭비입니다.

## 지름길의 유혹을 뿌리친다

왜 공식 없이 논리적으로 풀려는 학생과 공식만 달달 외워서 쉽게 풀려는 학생으로 나뉘는 걸까요? '학생 본인의 자질 문제'라고 쉽게 단정할 수 있을까요? 저는 부모님과 자녀의 관계가 이런 양분 현상을 낳았다고 봅니다.

공식 없이 논리를 동원해서 푸는 학생은 대개 집에서 과중한 공부를 강요하지 않기 때문에 차분하게 문제를 푸는 여유와 힘이 있는 것 같습니다. 공식만을 암기하려는 학생은 가정에서 엄청난 양의 과제가 부여되기 때문에, 혹은 학원에서 실시하는 시험에서 좋은 점수를 얻는 것이 공부라고 착각하기 때문에 시간이 걸리는 풀이법에 적응하지 못하는 것이라고 봅니다. 그래서 최단 거리로 풀 수 있는 해법만을 배우려고 합니다. 또 심신이 모두 지쳐 있기 때문에 논리적으로 문제에 도전할 기력이 없습니다.

자녀가 공식을 동원하지 않고 논리적으로 문제를 풀고 있는 것을 보면 부모는 "왜 그렇게 멍청한 방법으로 문제를 푸니? 그렇게 시간이 걸리는 방식은 입시에 맞지 않아. 시간이 모자라서 문제를 다 풀지도 못할걸? 이 문제는 여기서 빼고 이걸 나눠 마지막에 1을 더하면 되잖아. 공식을 외워!"라고 꾸짖을지도 모릅니다.

제 수업의 목적은 학생들이 머리를 쓰도록 만드는 겁니다. 문제를 풀건 못 풀건 상관없습니다. 머리를 계속 쓰다 보면 머리가 좋아집니다. 아무리 성적이 나빴던 학생이라도 상관없습니다. 문제와 격투를 벌이지 않는 학생들은 학원에 나와도 소용없습니다.

뭔가를 이루고자 할 때 가장 필요한 자질 중 하나는 참고 견디는 능력, 즉 '인내심'입니다. 제가 내는 문제는 어느 것 하나 유사한 것이 없기 때문에, 그저 최선을 다해 묵묵히 풀 수밖에 없습니다. 학생에게 인내심이 있어야 그런 작업이 가능합니다. 인내심이 없는 데에는 두 가지 원인이 있습니다.

우선 문제가 흥미롭지 못한 경우.

장기가 취미인 사람은 장기판과 말만 있으면 하루 종일 즐겁게 지낼 수 있지만, 장기에 흥미가 없는 사람은 단 3분이라도 고통입니다. 바로 그만둡니다. 흥미가 없으면 아무리 강요해도 장기 실력이 늘지 않습니다. 반대로 흥미가 있는 일은 누가 시키지 않아도 신이 나서 하게 마련입니다.

두 번째는 부모가 인내심이 없는 경우.

이런 부모는 좋은 교사, 유명한 학원, 그리고 참고서, 문제

집을 찾는 데에만 정력을 쏟아붓습니다. 집에는 손 한 번 안 댄 참고서가 산처럼 쌓여 있겠지요. 성과가 나올 때까지 하나의 사안에 집중하는 능력이 없기 때문에 뭐 하나 제대로 이뤄 내는 게 없습니다. 자녀에게도 오늘은 이런 지시, 내일은 반대되는 지시를 합니다. 그러니 자녀도 인내심이 떨어지게 됩니다.

"어딘가 분명히 입시 필승법이 있을 거야. 그것만 손에 넣는다면 우리 아이도 문제 없이 합격할 텐데."

이런 생각을 하는 사람이 적지 않습니다. 입시에 합격한 자녀를 둔 부모를 찾아가 비법을 묻지만 시원한 답변을 듣지 못합니다. "그저 열심히 했을 뿐인데……."란 대답뿐이니 답답할 노릇입니다. 하지만 그게 진실입니다.

인내심이 없는 부모는 이런 답변을 의심하고 부정합니다. '분명히 뭔가 있는데 가르쳐 주지 않는 걸 거야.'라고 생각합니다. 사실은 비법이 있습니다. '부모가 쓸데없는 짓을 하지 않는 것.' 이것이 자녀를 위한 최고의 비법입니다.

# 적절한 무게를 선택한다

성적을 높이는 것은 근육을 키우는 것과 비슷합니다. 둘 다 무리하면 문제가 생깁니다.

"너는 너무 말랐어. 오늘부터 매일 바벨(역기)을 스무 번 씩 들어라."

"너무 무거워서 들어올리지도 못하겠는데요."

"시끄러워. 시키는 대로 해."

"아유, 무거워."

고문입니다. 근육이 붙을 리 없습니다.

자녀에게 공부를 강요하는 것이 바로 이런 겁니다.

근육 트레이닝의 목적이 뭐라고 생각하십니까? 무거운 물건을 드는 것? 아닙니다. 바벨을 많이 들 수 있게 하는 것? 그것도 아닙니다. 근육을 탄탄하게 만드는 것이 목적입니다. 공부의 목적이 학력 향상인 것과 마찬가지로 트레이닝의 목적도 간단합니다.

근육이 탄탄해지면 어떤 이점이 있을까요?


— 몸이 탱탱해져서 보기에 좋다.
— 신진 대사가 활발해져 쉽게 살이 찌지 않는다.


이런 결과는 근육이 탄탄해지면 저절로 따라오는 것입니다.

공부도 마찬가지입니다. 근력을 키우는 것과 마찬가지로 서서히 기초를 닦아 주면 나머지는 당연하게 얻어집니다.

그러면 근육을 탄탄하게 만드는 과정을 한번 생각해 볼까요?

우선 적절한 무게의 바벨을 고릅니다. 너무 가벼우면 효과가 없고, 너무 무거우면 운동을 제대로 할 수 없습니다. 정확한 자세로 해당 부분의 근육이 단련되고 있음을 확인하면서 천천히 적절한 횟수를 반복합니다. 그러면서 서서히 무게를 늘려 나갑니다.

근육을 탄탄하게 만드는 데 중요한 것은 근육 운동만이 아닙니다. 식사와 휴식도 운동 이상으로 중요합니다. 망가진 조직을 재생시키려면 양질의 단백질을 섭취해야 하고, 강도 높은 근육 트레이닝을 하고 난 후에는 48시간 이상 쉬어야 합니다. 쉬는 시간이 너무 길면 운동 효과가 사라지지만 망가진 조직이 재생하기 전에 같은 부분을 트레이닝하면 근육이 두꺼워지지 않습니다.

공부도 마찬가지입니다. 머리에 부하가 걸리는 것을 의식하면서 문제를 풀어야 합니다. 이는 '이해하면서 푼다'는 뜻입니다. 머리에 부하가 걸리면 문제를 푸는 데 성공하지 못해도 효과가 있습니다. 반대로 머리에 부하가 걸려 있지 않은 상태에서는 문제를 아무리 낳이 풀어도 소용없습니다.

너무 쉽지도, 너무 어렵지도 않은, 학생에게 적절한 수준의 문제를 시작으로 서두르지 않고 서서히 단계적으로 수준을 높여 나가다 보면 어느새 실력이 저만큼 성장해 있는 것을 발견할 것입니다.

"문제집 10페이지에서 30페이지까지 모두 풀어라."라는 식의 숙제는 하지 않는 편이 낫습니다. 공부에서도 식사와 휴식이 중요합니다. 건강하지 않다면 머리를 총가동할 기력이 생기지 않으며, 머리를 총가동했다면 그 내용이 뇌에 스며들 수 있도록 수면을 취해야 합니다.

어깨가 결리면 어떻게 하십니까?

남편, 또는 아내한테 주물러 달라고 한다는 것이 가장 흔한 대답이겠지만, 이것으로는 문제를 근본적으로 해결할 수 없습니다.

왜 어깨가 결리는지 아십니까?

우리의 무거운 머리를 지탱하고 있는 것은 승모근(僧帽筋)이라는 어깨 근육입니다. 승모근은 사람이 서 있을 때 최대 근력의 80% 이상의 힘으로 머리를 지탱합니다. 그러면 혈행(血行)이 나빠지고 혈관에 노폐물이 쌓여 어깨가 결리게 됩니다. 결린 어깨를 주무르면 쌓인 노폐물이 흘러내려가며 혈행이 일시적으로 좋아져 결림 증상이 해소됩니다. 하지만 조금 지나면 다시 혈행이 나빠지기 때문에 주무르는 것은 근본적인 해결책이 되지 못합니다. 그러면 어떻게 해야 할까요?

간단합니다. 승모근을 단련시키면 됩니다. 어렵지 않습니다. 운동 용품 가게에서 튜브를 사십시오. 집에 있는 두꺼운 고무줄도 좋습니다. 두 손으로 잡고 가운데 부분을 두 발로 밟습니다. 그런 자세로 어깨를 올렸다 내렸다 하면 승모근이 자극을 받습니다. 자극이 약하면 튜브를 짧게 잡고, 강하면 길게 잡으면 됩니다. 이 운동을 매일 아침 저녁으로 30회 정도 하면 어깨 결림에서 해방됩니다.

그렇다면 수학 문제가 풀리지 않을 때는 어떻게 해야 할까요?

"선생님한테 물어 본다."가 가장 일반적인 대답이겠지요.

대개의 선생님은 친절하게 가르쳐 주기 때문에 들으면 바로 이해됩니다. 아니 이해한 것 같은 느낌이 듭니다. 하지만 나중에 풀어 보면 같은 부분에서 다시 막힙니다. 그래서 다시 질문하고, 다시 이해한 듯한 착각 속으로 빠지게 됩니다. 하지만 집에서 비슷한 문제를 풀어 보면 역시 풀리지 않습니다.

어깨가 결릴 때 주무르는 것처럼, 선생님에게 물어 보는 것은 근본적인 해결책이 아닙니다.

그렇다면 어떻게 해야 할까요?

간단합니다. 머리를 단련시키면 됩니다. 머리에 부하가 걸리는 문제를, 그 부하를 느끼면서 풀면 됩니다. 언젠가는 반드시 어려운 문제도 풀 수 있게 됩니다.

이번에는 다이어트를 예로 들겠습니다.

다이어트의 목적은 무엇일까요. 살을 빼는 것? 큰 착각입니다. 그래서 다이어트에 실패하는 것입니다. 살을 빼는 것이 목적이라면 먹지 않으면 됩니다.

1주일 정도 절식하면 살이 빠지겠지요. 하지만 그렇게 굶다가는 얼굴이 핼쑥해지고 피부가 거칠어지며 몸에 힘도 빠집니다. 살이 빠진다기보다는 수척해진다는 표현이 적당할 겁니다. 그래도 체중만 줄면 되는 걸까요?

전제가 잘못된 겁니다. 다이어트의 목적은 아름다워지는 것입니다. 칼로리를 제한하는 것과 더불어 운동을 해야 합니다. 처음에는 귀찮겠지만 아침 저녁으로 꾸준히 스트레칭과 바벨, 혹은 요가 등을 하면 하루를 기분 좋게 지낼 수 있습니다. 몸에 좋지 않은 음식을 저절로 멀리하게 됩니다.

　잘못된 공부 방법은 무계획한 다이어트와 비슷합니다. 문제만 많이 푼다고, 수면 시간을 줄이고 공부 시간을 늘린다고 실력이 향상되지 않습니다. 중간 고사나 기말 고사에서는 무조건 굶는 다이어트 비슷한 '반짝 공부'를 통해 좋은 점수를 딸 수도 있습니다. 하지만 이런 공부는 절대 학력으로 이어지지 않습니다. 몸과 정신 건강을 모두 해칩니다. 공부의 목적은 학력 향상입니다. 생명력을 저하시키는 생활을 강요해서는 안 됩니다.

# 수면 시간은 줄이지 않는다

"초등학교 저학년 때부터 놀지도 못하고 일 주일에 3~4일씩 학원에 다녀야 하고, 잠자는 시간을 줄이며, 밤늦게까지 책상 앞에 앉아 있어야 한다. 그런 정도로 공부하지 않으면 일류 학교는 꿈도 꿀 수 없다."

입시에 대해 이런 기억을 갖고 있는 분들이 많습니다. 이런 분들은 또 학생들은 여유 있는 어린 시절을 보낼 수 있어야 한다고 주장합니다. 동감입니다. 하지만 명심해야 할 것은 중학 입시 때문에 이런 현상이 빚어지는 것이 아니라, 어른들의 잘못된 생각 때문에 이런 생활을 강요받고 있다는 점입니다.

자녀가 건강하게 성장하는 데 필요한 3대 요소는 식사, 수면, 운동입니다. 인간은 물론 사자나 개, 고양이도 마찬가지입니다. 공부는 이 3대 요소를 충족한 다음에 해야 합니다. 식욕을 잃을 정도로 공부를 시키거나, 수면 시간을 줄여 가며 공부를 시키는 것은 큰 잘못입니다.

우리의 몸과 머리는 잠들어 있는 사이에도 성장합니다. 서 있을 때는 발 뒷부분만으로 전신을 지탱하기 때문에 중력이 척추에 수직으로 걸립니다. 이에 비해 잠잘 때는 머리를 포함해서 온몸이 몸을 지탱합니다. 이 때 중력은 등골에 평행으로 가해집니다. 그래서 잠자는 동안 아이들이 성장하는 것입니다.

인간의 머리는 컴퓨터처럼 온갖 정보를 평등하게 기억하지 않습니다. 입력된 정보는 잠자는 사이에 뇌가 취사 선택합니다. 즉 졸린 눈을 비비며 억지로 외운 역사적 사건의 연대는 기억에서 사라지고, 열중했던 게임 내용('플레이스테이션 2에 나오는 괴물을 무너뜨리는 데 유용한 무기는 칼이 아니라 화살이다.' 따위)은 기억에 남습니다.

공부 내용을 자기 것으로 만들려면 우선 공부에 흥미를 가져야 합니다. 그리고 공부한 내용을 뇌에 심어야 합니다. 이 때 필수적인 것이 바로 수면입니다. 저는 학생들에게 입시 직전이라도 최소한 8시간은 자게 합니다. 부모님께는 맑은 정신 상태로 학원에 오게 해 달라고 부탁합니다. "제대로 자지 못하면 떨어집니다."라고 위협합니다. 절대로 잠자는 시간을 줄이지 못하도록 합니다.

## 2개월 만에 키가 5센티미터나 큰 A군

초등학교 6학년 학생을 둔 어머니가 고민을 털어놨습니다.

"6학년이 된 뒤 성적이 오르지 않습니다. 어떻게 해야 하나요."

8월 중순부터 제 수업에 들어오게 된 아이였는데, 활기가 없다는 것이 첫인상이었습니다. 공부하겠다는 의지가 보이지 않았습니다. 어머니와 면담 결과 수면 시간이 줄면서 성적이 떨어지기 시작했다는 것을 알게 됐습니다.

"집에서는 전혀 공부를 하지 않아도 좋으니 원 없이 푹 자라고 하세요."

이것이 제가 한 조언이었습니다. 입시를 6개월 앞둔 상황에서 공부 시간을 줄이고 푹 재우라는 조언을 실행하려면 용기가 필요합니다. 하지만 부모는 실행했습니다. 하루 10시간 이상 자게 했습니다.

그 뒤 변화가 나타나기 시작했습니다. 그 학생은 인간미 없는 모범생 스타일이었는데, 학교 선생님들이 놀랄 정도로 표정이 풍부해졌습니다. 적극적으로 행동하게 됐습니다.

두 달 만에 키가 5cm나 컸고, 달리기도 빨라져 축구를 잘 하게 됐습니다. 물론 성적도 비약적으로 좋아졌습니다. 도대체 뭐가 문제였을까요.

그 학생은 대형 입시 학원을 다녔고, 6학년이 될 때까지는 별 문제 없이 즐겁게 공부해 왔습니다. 그런데 6학년에 올라오면서 숙제가 급격히 늘었습니다. 숙제를 모두 마치려면 수면 시간을 줄여야 했습니다. 몸은 성장하고 싶어하는데 잠이 부족해서 성장할 수 없었던 것입니다. 큰 스트레스를 받고 있었던 것이죠.

저는 이 학생에게 아무런 조치도 취하지 않았습니다. 그저 푹 자게 하라고 조언했을 뿐입니다. 그 수면 시간이 모든 것을 해결해 줬습니다. 원서를 낸 도쿄의 두 명문 중학교에 동시에 합격했고, 지금은 재미있게 중학 생활을 보내고 있습니다.

노력이란 단어에서 무엇이 연상됩니까?

'괴롭지만 참는다.'
'눈물을 머금고…….'

만약 노력이 이런 것이라면 아무도 자발적으로 노력하려 들지 않을 겁니다. 하지만 '밝은 노력', '즐거운 노력'이란 것도 있습니다. "문제를 푸는 데 열중하다 보니 3시간이나 지났다."는 것이 거기에 해당됩니다.

열중하고 빠져 있는 사이에 학력은 향상되며, 이것이야말로 올바른 노력의 모습입니다. 괴롭지만 참고 노력하는 방식은 오래가지 못합니다.

그래서 처음부터 부모가 윽박지르고 강요하는 공부 방식은 부모도 괴롭고 자녀도 괴로우며, 효과도 없습니다.

또 재능과 소질만으로는 그 어떤 분야에서도 초일류가 될 수 없습니다.

천성적으로 달리기를 잘 하는 학생은 연습을 하지 않아도 학교나 동네 달리기 시합에서 일등을 할 수 있겠지요. 하지만 그 상태로는 전국 대회, 혹은 국제 대회에서의 금메달은 불가능합니다.

그렇다면 달리기에 재능과 소질이 있는 사람이 훈련만 한다면 올림픽에서 금메달을 딸 수 있을까요?

세계 1위가 되기 위해서는 극한까지 가는 가혹한 훈련을 쌓아야 합니다. 그 훈련을 견뎌 낼 수 있느냐 없느냐는 참고 견디는 정신력의 문제라기보다는, 어느 수준까지 달리기에 매진할 수 있느냐, 즉 달리기를 얼마나 좋아할 수 있느냐에 달려 있다고 봅니다.

올림픽 금메달과 비교하면 명문 학교의 합격 따위는 너무도 쉬운 일입니다. 올림픽 금메달은 세계에서 가장 뛰어난 단 한 사람만이 거머쥘 수 있지만, 명문 학교는 수백 혹은 수천 등 안에만 들면 됩니다. 공부에 흥미를 갖고 집중적으로 파고들 수 있다면 좋은 학교에 입학하는 것이 결코 불가능한 일은 아닙니다.

어떤 학부모가 "언제쯤 돼야 안심할 수 있을까요?"라고 물은 적이 있습니다. 이렇게 대답했습니다.

"허들을 하나 넘으면 보다 높은 허들이 있을 뿐입니다. 인생이 끝나지 않는 한 편안함은 없습니다. 허들을 뛰어넘는 것 자체를 즐거움으로 여기든가, 모든 허들을 피해서 살든가, 둘 중 하나겠지요."

공부가 괴롭다면 공부하는 방법이 잘못됐거나 자녀가 공부에 맞지 않기 때문입니다. 공부 방법이 틀렸다면 고치면 되지만, 공부가 적성에 맞지 않는다면 다른 길을 찾아야 합니다.

### 자신의 페이스대로 느긋이 공부했던 F군

F는 얼굴에서 미소가 떠나지 않았고, 자기 나름의 느긋한 페이스를 유지하던 학생이었습니다. 사물을 깊이 생각하지만 시간 배분에 전혀 신경을 쓰지 않으므로 시험 때 좋은 점수를 받은 적이 없습니다. 그런 F도 명문 중학교를 꿈꾸고 있었습니다. 6학년 후반기 모의 고사 결과 그가 원하는 중학교 합격 예상률이 20%에 불

과했습니다. 하지만 수업 시간에 보인 가능성을 감안해 그 학교에 응시했습니다.

입시 당일 시험장으로 갔는데 긴장된 표정의 학생들을 뚫고 껑충껑충 제게 달려오는 학생이 있었습니다. 바로 F였습니다.

"뭐가 그리 즐거우니?"

"선생님, 제가 가고 싶어하던 이 학교의 시험을 보게 됐잖아요. 너무 즐거워요."

F는 손을 흔들며 힘차게 시험장으로 달려갔습니다. 그 전에도 후에도 이렇게 행복한 표정으로 입시를 치른 학생을 본 적이 없습니다. F는 합격했습니다. 저는 그 결과를 보고 "입시 제도는 정말 완벽하다."고 감탄했습니다.

F가 진학한 아자부(麻布) 중학은 머리 좋은 학생들이 모이는 학교로 유명합니다. F도 머리는 좋았지만 과연 제대로 따라갈 수 있을지 걱정했습니다. 하지만 그는 6년 뒤 단번에 도쿄 대학 공과 대학에 합격했습니다.

# 도전의 순간 주저하지 말라

사람은 어떤 때 후회할까요?

추구하는 목표가 있고, 이를 위해 온갖 노력을 다 했는데도 성공하지 못했을 때 '이럴 줄 알았다면 도전하지나 말걸.' 하고 후회할까요?

꿈이 깨진 순간은 슬프고 가슴이 찢어질 듯 괴롭겠지요. 하지만 최선을 다한 결과가 실패라면 어느 정도 위로를 얻을 수 있습니다. 그리고 실패의 경험을 극복함으로써 한 단계 성장한 자신을 발견할 수 있을 것입니다.

도박을 제외하면, 실패했기 때문에 크게 후회하는 경우는 거의 없습니다.

인간이 정말로 후회하는 때는, 도전해야 할 때 주저하다가 기회를 놓쳤을 경우입니다. 인생을 크게 좌우할 대승부란 것은 평생 그리 많이 찾아오지 않습니다. 도전해야 할 때 용기가 없어 도전하지 못했을 경우 후회하는 것입니다.

인생은 둘 중 하나를 선택하는 일의 연속이며, 편한 쪽을 선택하면 대개 후회합니다. 자신의 가능성을 높일 수 있는 기회, 넓힐 수 있는 기회가 찾아왔다면 적극적으로 도전해야 합니다. 그런 도전을 피하면서 어른이 된 사람은 자신이 못 했던 것을 자녀에게 강요하며 자녀의 자연스런 성장을 막는 어리석은 부모가 될 가능성이 높습니다.

# 입시에 강한 학생, 입시에 약한 학생

평소에 성적이 좋다고 꼭 합격하는 것이 아닙니다.

공부를 많이 한 학생이 합격하는 것도 아닙니다.

머리가 좋다고 합격하는 것이 아닙니다.

강한 학생이 합격하는 것입니다.

정신력의 강하고 약함은 어디에 기인하는 걸까요? 결론부터 말씀드리자면, 입시에서 자기의 실력을 충분히 발휘하지 못하는 학생은 삶을 진지하게 살지 않는 사람입니다.

8세 아이는 8세 나름의, 12세는 12세 나름의 진지한 삶의 방식이란 것이 있습니다. 긴장감이 높은 환경 속에서 평소 이상의 실력을 발휘할 수 있는 학생은, 평소부터 온 힘을 다해 문제와 싸워 온 학생입니다.

"여유를 갖고 침착하게 시험을 봐라."

이 말은 현실적으로 불가능합니다. 대부분의 학생에게 입시는 그간 살아온 인생에서 가장 긴장감이 높은 시련의 장입니다. 세계 타이틀 매치가 열리는 링으로 올라가는 복서와 큰 차이가 없습니다. 평소 자신의 능력을 절반 정도만 발휘해도 좋은 성적을 얻어 왔던 학생은, 그런 긴장감 앞에서 여지없이 무너집니다.

# 입시와 월드컵의 공통점

입학 시험과 월드컵. 둘 사이에는 아무 관계도 없어 보이지만 2002년 한일 월드컵을 보고 여러 가지 공통점이 있음을 알게 되었습니다.

**① 성공에는 이유가 없다. 하지만 실패에는 명확한 이유가 있다.**

축구는 실력 차가 크게 나지 않는 한, 골이 쉽게 들어가지 않는 게임입니다. 실력이 팽팽할 경우 한쪽의 실수가 바로 골을 의미합니다. 즉 '패자'가 게임의 승패를 결정합니다.

— 승자에게는 명확한 승인이 없다. 왜 이겼는지 모를 경우도 있다.

— 패자에게는 명확한 패인이 있다. 왜 졌는지 이유를 모르

는 패배는 없다.

이는 입학 시험과 같습니다.

— 합격자에게는 명확한 합격 이유가 없다.
— 불합격자에게는 이렇게 했기 때문에 떨어졌다는 명확한
  이유가 있다.


게임이 끝나면 승자에 대한 인터뷰가 시작됩니다. 감독이
나 그 날의 주요한 멤버가 인터뷰에 응합니다. 인터뷰는 "축하
합니다."라는 인사말로 시작되고, 감독에게 마이크를 들이대
면 "고맙습니다."라고 대답합니다. 그러고 나서 묻습니다.
　"오늘 승리의 요인은 어디 있었다고 생각하십니까?"
　감독과 선수는 이렇게 중얼거립니다.
　"글쎄요……."
　중얼거리며 시간을 끈 뒤
　"아, 그건 아마도……."
　어쩌고저쩌고하며 궁색한 답변을 합니다. TV를 향해 '정
말로 그렇게 생각하냐?'고 묻고 싶을 정도입니다.
　이에 비해 패배한 팀의 감독과 선수는 분석적으로 패인을

밝힙니다. 이는 명확하고 구체적이며 이해하기 쉽습니다.

"전반 42분에 상대 팀 10번 선수가 왼쪽으로 밀고 들어왔고, 2명의 수비수가 그 선수에게 끌려다니다 공간을 내주고 말았습니다."

게임 뒤 인터뷰는 승리한 팀의 감독이 아니라, 패배한 팀의 감독과 선수를 데려와 구체적으로 물어 보는 것이 게임의 흐름을 이해하는 데 도움이 될 겁니다.

입학 시험의 합격자 발표 뒤에는 '합격 체험기'라는 책이 꼭 나오는데, 이것도 마찬가지의 위화감이 느껴집니다. 합격 체험기에는 그럴듯한, 하지만 너무도 원론적인 분석이 실리는데, 이것은 다른 학생들에게는 그리 도움을 주지 못합니다. 불합격 체험기가 훨씬 많은 정보를 주리라 생각합니다.

### ② 긴장이 풀리기 쉬운 마의 시간대가 있다

입시와 월드컵 축구는 또 다른 공통점이 있습니다. 입시는 프로 리그나 친선 시합과 다릅니다. 평생 한 번 정도밖에 출전하지 못하는 월드컵과 유사합니다. 선수들은 필사적으로 뛰고, 관중도 손에 땀을 쥐고 응원합니다.

축구 경기는 90분 간 진행됩니다. 이 중 실점하기 쉬운 시간대는 시작 직후의 5분 간과 종료 직전 5분 간입니다. 그 외의 시간대는 큰 실력 차가 없는 한 지리한 공방전이 계속됩니다.

또 하나 위험한 시간대는 골을 넣은 직후와 골을 먹은 직후입니다. 앞에서 소개한 대로 축구는 상대가 실수하지 않으면 승리하기 어려운 경기입니다. 역으로 말하자면 자신이 실수를 하지 않으면 잘 지지 않습니다.

왜 실수하게 되는 걸까요? 이유는 명백합니다. 집중력이 부족하기 때문입니다. 그렇다면 어떻게 집중력을 유지할 수 있을까요? 역시 간단합니다. 긴장감을 유지하면 됩니다.

- **시작 직후의 5분 간 :** 준비 태세가 갖춰져 있지 않다(집중력이 높지 못하다).
- **종료 직전의 5분 간 :** 피로하고, 5분만 버티면 승리할 수 있다는 생각에 느슨해진다.
- **골을 넣은 직후 :** 긴장감이 느슨해진다.
- **골을 먹은 직후 :** 당황해서 침착함을 잃는다.

이를 중학 입시에 적용해 봅시다. 1교시 시험 시간은 40~60분이며, 이것이 제가 생각하는 마의 시간대입니다.

— **시험 시작 후 5분 간 :** 시험에 대한 두려움으로 문제에 집중이 잘 안 된다. 특히 미리 와서 안정을 찾지 않은 경우 실패할 확률이 높다.

— **종료 직전 5분 간 :** 종을 치는 마지막 순간까지 활용해야 한다. 이 시간대에 긴장감이 풀어지는 학생은 이보다 앞선 단계, 즉 답안지를 채우는 시점에서 이미 풀어져 있는 경우가 많다. 합격 가능성이 낮아진다.

— **문제를 푼 직후 :** 문제 하나를 푼 상태에서 희열에 싸이면 낙방한다. '해냈다. 이제 꿈에 그리던 이 학교를 다닐 수 있다. 이 학교 교복을 입을 수 있고, 동창회 명단에 오른다.' 등등. 잡념이 생기면 틀림없이 낙방한다.

— **문제를 풀지 못하고 넘어간 후 :** 문제는 쉬운 순서대로 배열돼 있는 것이 아니기 때문에 한 문제에 너무 집중하다가 많은 시간이 흘러 버릴 경우가 있다. 더구나 해결의 실마리조차 잡지 못한 상태다. '시간이 턱없이 부족한데…….' 냉정함을 잃어 남은 문제를 침착하게 풀 수 없다. 당연히 낙방.

입시와 월드컵의 공통점을 소개했는데, 이는 둘만의 공통점은 아닙니다. 일생일대의 승부는 모두 공통점을 갖고 있습

니다. 음악 콩쿠르나 올림픽도 마찬가지입니다. 실수한 사람
은 탈락하고, 긴장감을 계속 유지하며 집중력을 잃지 않은 사
람이 최후의 승자가 됩니다.

# '시행착오형' 학습으로 문제 풀이 능력을 향상시킨다

초등학교 1, 2학년 중에 수학을 싫어하는 학생은 별로 없습니다. 수학에 약한 학생도 적습니다. 범위도 좁고 숙제도 적어서 큰 부담이 되지 않고 조금만 생각할 줄 안다면 정답이 나오기 때문입니다. 바둑알이나 성냥을 이용해서 생각하고 이해하며 문제를 풀어 갈 수 있습니다.

이렇게 '이 길만이 정답이 아니다'식의, 즉 이것저것 여러 가지의 방법을 동원하고, 생각을 거듭하며 문제를 풀어 가는 것을 '시행착오형 학습'이라고 합니다. 이 방법을 계속해 가면 3, 4학년 혹은 5, 6학년이 돼도 수학이 싫다거나 수학에 약하다는 말은 거의 듣지 않습니다.

하지만 숙제가 많아지고, 단시간에 성적을 향상시키고자 하는 부모가 늘어나면서 시행착오형 학습은 설자리가 없어지고 말았습니다. 그래서 시간이 걸리는 시행착오형 학습에서, 최단 거리를 최단 시간 내에 주파하는 '수순(手順)암기형 학습'으로 옮겨 가고 있습니다.

'수순암기형'은 많은 문제를 짧은 시간 안에 풀 수 있고, 저학년 때는 시험 점수를 잘 받을 수 있으므로 효율적인 공부법으로 비칩니다. 하지만 학력을 향상시키는 데 있어서 가장 중요한 것, 즉 문제를 푸는 과정에서 얻어지는 성취감과 충족감이 없습니다. 수순암기형 학습법은, 조건이 복잡한 문제나 새로운 유형의 문제를 만났을 때 해법을 제시하지 못합니다.

수학 공부는 누구나 시행착오형 학습으로 시작하지만, 시험과 숙제에 쫓기다 보면 어느새 수순암기형 학습으로 바뀌어 갑니다. 이 점을 주의해야 합니다. 인생은 물론 공부에도 뜨거운 흥분과 기대감이 필요합니다.



**'재미있어하던 수학을 갈수록 어려워해요.'**

중학교 1학년생 딸을 둔 김 모(39·여·대구 수성구 황금동)씨는 아이의 수학 성적을 보면 속이 상한다. 더

욱이 벌써 수학을 포기한 듯한 아이의 태도는 애가 타게 만든다. 초등학교 1, 2학년 때만 해도 5학년 수준의 문제를 척척 풀던 아이였으니 답답함은 더했다.

그러던 김씨는 얼마 전에야 아이의 수학 성적이 떨어진 이유를 알게 됐다고 했다. 초등학교 담임 교사로부터 수학 수업 시간에 전혀 흥미를 보이지 않았다는 말을 들었던 것.

교사들은 수학을 잘 하는 아이와 그렇지 못한 아이의 가장 큰 차이점은 '흥미' 여부에 있다고 했다. 수학을 어려워하는 아이들의 경우 기초적인 개념 정리 없이 계산하고, 공식을 암기해 문제 푸는 요령만을 익힌 탓에 새롭고 복잡한 문제를 보면 막혀 버려 쉽게 흥미를 잃어버린다는 것. 따라서 초등학교에서는 얼마나 많은 양의 수학 문제를 빠른 시간에 푸느냐보다는 하나를 풀더라도 '왜 그렇게 되는지' 원리를 정확하게 이해했는가가 훨씬 더 중요하다.

### 수학 잘 하는 아이로 키우려면

계산을 잘 한다고, 수학을 잘 하는 것일까?

전문가들은 그렇지 않다고 한다.

7차 교육 과정 속의 수학은 아이 스스로의 활동을 중요시하고 스스로 사고하게 해 수학적인 힘을 길러 주는 이른바 '결과보다 과정'에 초점을 맞추고 있다. 깨달아 가는 과정을 생략한 채 기계적으로 공식이나 규칙을 적용해 결과만 맞히는 데 익숙한 아이라면 학습 방법을 바꿔 줘야 한다.

수학을 잘 하는 아이로 키우려는 학부모들을 위해 교사들이 말하는 지도법을 소개한다.

—해 본 것은 이해할 수 있다. 풀어 보는 경험이 듣고 외우는 것보다 효과적이다.

—스스로 답을 찾게 한다. 많은 문제를 의미 없이 푸는 것보다 한 문제를 완벽하게 아는 게 낫다.

—어려워해도 가르쳐 주지 마라. 모르면 다시 책을 뒤져 볼 수 있게 돕기만 해라. 부모의 인내심이 필요하다.

〈2004년 10월 18일자 매일신문〉

# 6장



# 머리가 좋아지는 학습법

시행착오형 학습의 장점은 억지로 공부한다는 생각이 들지 않는
다는 점입니다. 스트레스를 받지 않습니다. 원래 공부라는 것은
본능이며, 시행착오형 학습은 본능에 제일 잘 맞는 공부법입니다.

# 시행착오형 학습이란?

　제가 올바른 수학 공부법이라고 생각하는 것은 '시행착오형' 학습입니다. 공식이나 정해진 방식 없이 학생 나름의 방식으로 머리를 쓰며 푸는 것입니다. 조금만 실력을 쌓으면 너무 재미있어서 식사도 잊은 채 몰두하게 됩니다. 이는 학력을 높이는 데 매우 소중한 경험입니다.

　시행착오형 학습의 장점은 억지로 공부한다는 생각이 들지 않는다는 점입니다. 스트레스를 받지 않습니다. 원래 공부라는 것은 본능이며, 시행착오형 학습은 본능에 제일 잘 맞는 공부법입니다. 단점은 시간이 너무 걸린다는 점입니다. 하지만 이런 학습 방법에는 아무리 시간을 많이 투자해도 아깝지 않습니다.

　초등학교 저학년 중 수학 실력이 떨어지거나, 수학이 싫다는 학생은 없습니다. 학교의 수학 수업도 처음에는 시행착오형 학습 방식으로 시작합니다.

반면 '수순암기형' 학습법은 수학 공부에 도움이 되지 않을 뿐 아니라, 해롭기까지 합니다. 예를 들어 글자 수업에서는 교과서에 나온 글자를 몇 번이고 몇 번이고 쓰게 합니다. 발레, 피아노, 야구, 축구도 마찬가지입니다. 첫 수업부터 "자, 너좋은 대로 춤춰 봐라.", "던지고 싶은 대로 던져 봐."라고 가르치지 않습니다. 이것이 수순암기형 학습법입니다. 기본적인것을 반복적으로 훈련시킵니다. 발레나 축구에는 그런 방식이맞습니다.

하지만 수학은 다릅니다. 문제를 푸는 데 필요한 지식은 정수, 분수, 소수의 4칙 연산뿐입니다. 반복 연습은 필요 없습니다. 그런 연습은 뇌를 자극하지 않기 때문에 흥미를 유발하지도 않습니다. 수학 실력이란 계산력이 아닙니다. 수학이란 계산력을 배우는 과목이 아니라, 자신의 머리로 생각하며 숫자를 조합하는 능력(논리적 사고력)을 갖춰 가는 과목입니다.

그렇다면 왜 많은 부모들이 시행착오형 학습이 아닌 수순암기형 학습을 선택할까요? 숙제와 시험 때문입니다.

지금부터 같은 문제를 수순암기형 학습법과 시행착오형 학습법으로 설명하겠습니다. 극히 간단한 기본 문제와 이와는달리 상당히 어려운 '수의 성질' 문제, 두 종류를 예로 들겠습니다. 제 교실에서는 초등학교 4학년이 배우는 내용입니다.
흥미 있는 분들은 도전해 보십시오.

문제 1)

시속 36km = 분속 Am = 초속 Bm.

A, B에 맞는 숫자를 구하시오.

"시속이라는 것은 1시간 동안 갈 수 있는 거리를 말하므로, 36km를 3만 6000m로 바꾸고, 이를 60으로 나누면 분속이 나오고, 이를 다시 60으로 나누면 초속이 나옵니다. 그러니까 이렇게 계산하면 답이 나오겠죠."

$$36000 \div 60 = 600 \,(\text{m/분})$$

$$600 \div 60 = 10 \,(\text{m/초})$$

속도의 단위를 처음 접하게 된 학생에게 이렇게 가르친다면 어떻게 될까요.

"알았지?"라고 물으면 모두 알았다고 합니다. 하지만 시간이 지나면 학생들 머리에는 '60으로 나눈다'는 이미지만 남습니다.


"다음 문제는 여러분이 직접 풀어 보세요."
하면서 문제를 변형시켜 내면 어떤 일이 벌어질까요?


문제 2)
시속 Akm = 분속 180m = 초속 Bm.
A, B에 맞는 숫자를 구하시오.

"그렇지. 60으로 나누면 되지. 180÷60=3이네. 어, 이상하네. 다음에는 뭐를 60으로 나눠야 하나? 3÷60=0.05. 어?"


머릿속에서만 숫자를 계산하다 보면 이런 상황이 전개되곤

합니다. 그렇다면 연습량을 늘린다고 해결될까요.

> **— 시속 30km = 분속 Am = 초속 Bm.**
>
> A, B에 맞는 숫자를 구하시오.
>
> **— 시속 Akm = 분속 300m = 초속 Bm.**
>
> A, B에 맞는 숫자를 구하시오.
>
> **— 시속 Akm = 분속 Bm = 초속 12m.**
>
> A, B에 맞는 숫자를 구하시오.
>
> **— 분속 90m = 시속 Akm = 초속 Bm.**
>
> A, B에 맞는 숫자를 구하시오.
>
> **— 분속 Am = 시속 45km = 초속 Bm.**
>
> A, B에 맞는 숫자를 구하시오.
>
> **— 분속 Am = 시속 Bkm = 초속 25m.**
>
> A, B에 맞는 숫자를 구하시오.

이런 문제를 하루 30개씩 일 주일 간 계속한다면 이런 패턴의 문제에는 완벽해질 것입니다. 하지만 한 달 정도 문제를 풀지 않아도 기억에 남을지는 의문입니다. 이건 근본적인 해결책이 아닙니다. 학생들이 흥미를 느끼지 못하기 때문입니다.

# 시행착오형 학습법 기본문제

　같은 문제를 시행착오형 학습법으로 풀어 봅시다. 처음에 "시속이 뭔지 아니?"라고 물어 봅니다. 한두 명이 "1시간에 가는 거리"라고 대답합니다. "그럼, 분속은?" 이번에는 5, 6명이 "1분에 가는 거리"라고 대답합니다. "그럼, 초속은?" 거의 전원이 "1초에 가는 거리"라고 소리칩니다. 여기서 학생들에게 그림을 제시합니다.

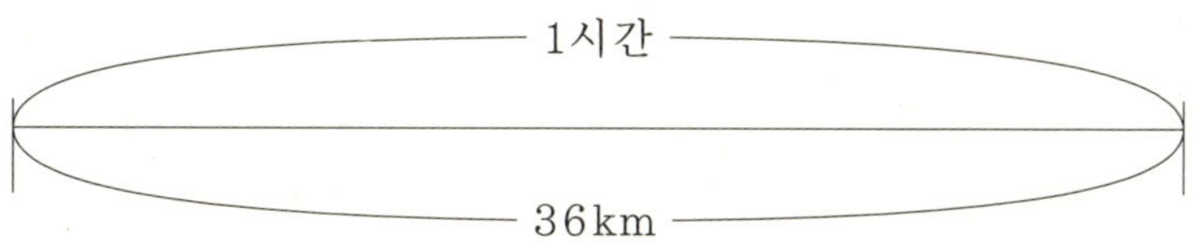


　위의 그림을 참고로 다음 문제를 풀어 보세요.

"1시간에는 1분이 60개 있고, 1km는 1000m니까, 36km 는 3만 6000m지."

이렇게 생각하며 조건을 그림 속에 그려 넣습니다.

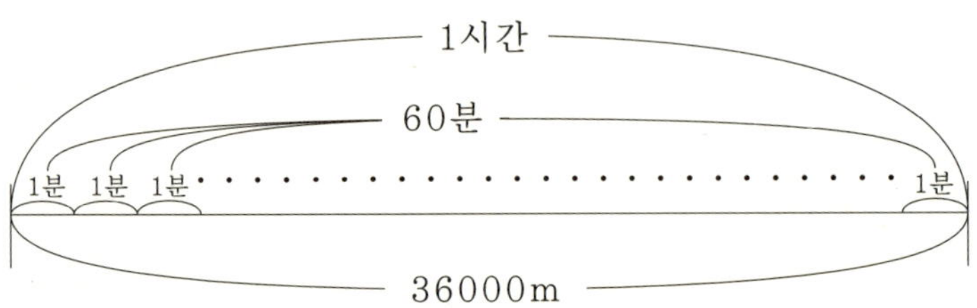


"그래! 시속 36km라는 것은 60분에 3만 6000m 가는 거구나. 그러니 1분이면 36000÷60=600(m) 가는 거네? 아! 이게 분속이구나."

"이제, 초속은 어떻게 구하지? 이번에도 그림을 그려 보자."

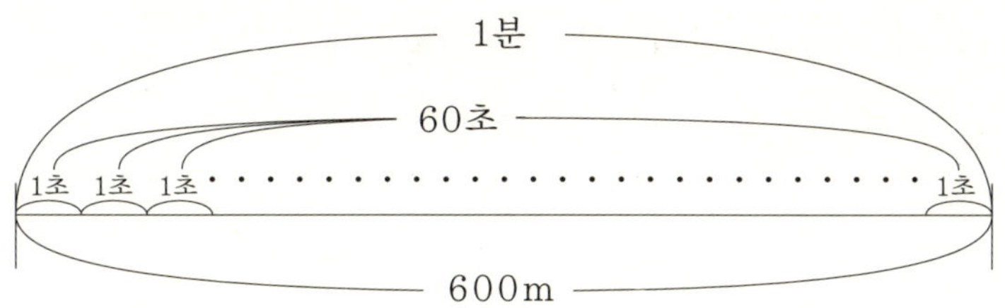



"그렇구나! 분속 600m라는 것은, 60초에 600m 간다는 거니까 1초라면 600÷60=10(m) 가는 거구나. 이게 초속이구나. 알았다!"

그림을 그리며 올바른 개념을 피부로 알게 되기 때문에 방대한 양의 연습 문제를 풀 필요가 없습니다.

문제 2)
시속 24km로 2시간 45분 달리면 몇 km를 갈 수 있을까요?

"어떻게 풀지? 우선 그림부터 그려 보자."

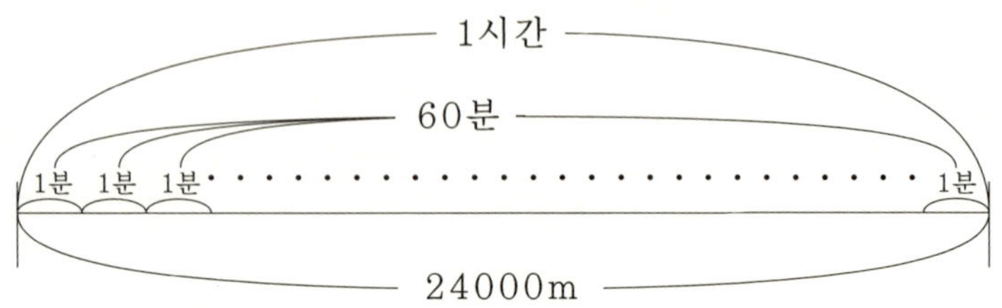


"24000÷60=400(m)이니까  1분에  400m.  그럼  2시간 45분은?  그렇구나!  2시간 45분=165분이므로 400×165=66000(m)이지.  그럼 답은 66km다!"

이 풀이법에 문제는 없지만 기계적이어서 흥미를 유발시키지 못합니다. 그래서 "그럼, 분속으로 바꾸지 말고 풀어 보렴." 하고 유도합니다.

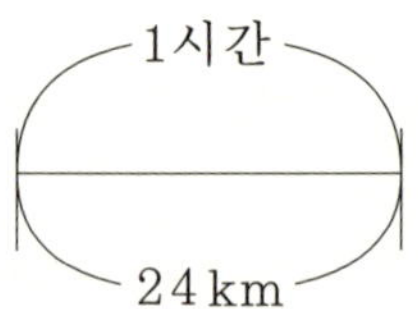

"이 속도로 2시간 45분 가면"

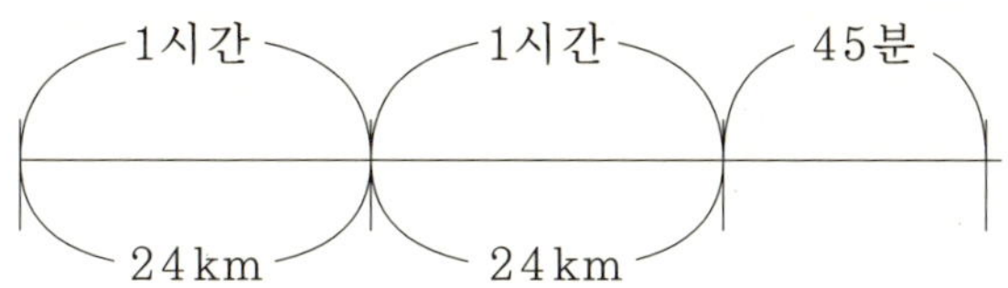


"24+24=48이니까, 2시간에는 48km를 가는구나. 그런데 나머지 45분은 어떻게 구하나? (이것저것 시도하고 고민하다가) 아, 그래. 이거야!"

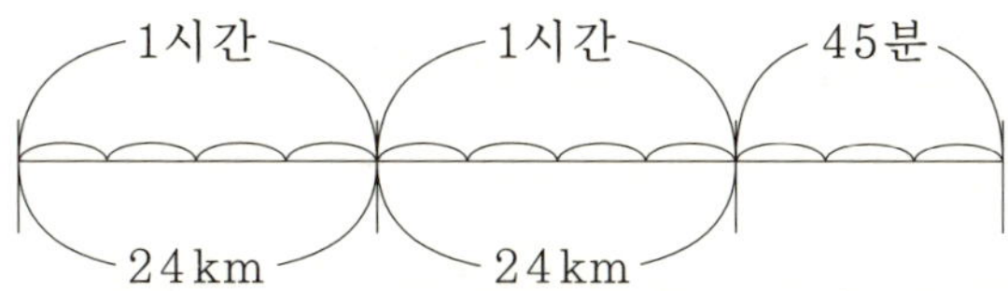


"1시간은 15분이 4개니까 24÷4=6. 15분에는 6km를 가는 거고, 45분은 15분이 3개니까 6×3=18(km). 여기에 아까 나온 48km를 더하면 되네. 48+18=66(km). 앗! 같은 답이 나왔네."

　하나의 문제를 두 가지 방법으로 풀어 답이 일치하면 대개
의 경우 정답입니다.



　"음, 그러니까 6분 달리고 2분 쉬니까 합하면 8분이네. 또
6분 달리고 2분 쉬니 이제 16분. 그런데 걸린 시간은 20분이
니까, 4분 더 달려야 하네. 그렇다면……. 헷갈리네. 아! 그렇
지. 그림으로 그려 보자. 분속 200m니까……."

"6분간 달리면……."

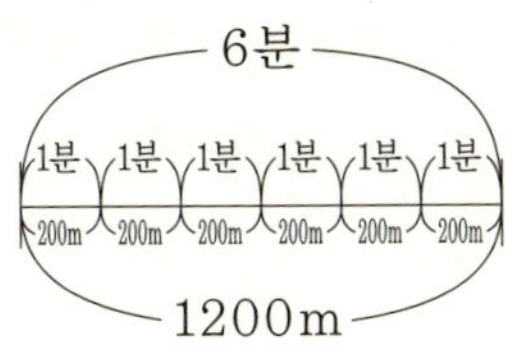

"이걸 20분이 될 때까지 반복하면……."

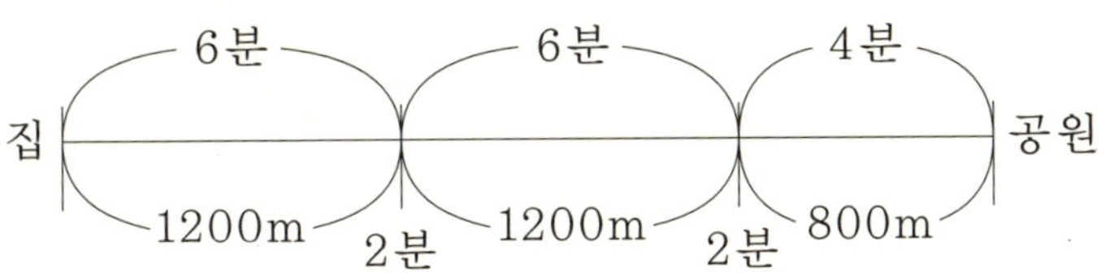


"그러면 1200+1200+800=3200(m)이다!"

시행착오형 학습은 학생이 자발적으로 문제를 풀게 하는 시스템입니다. 대개의 참고서는 공식을 자세히 설명하고 있지만 학생들 머리엔 공식밖에 남지 않게 됩니다. 공식에 의존하지 않고 그림을 그리며 생각하는 것이 효율적입니다.

다음에 제시하는 문제는 숫자의 성질에 관한 매우 어려운 문제입니다. 정답을 찾지 못했다고 낙담하실 필요는 없습니다. 저는 강사 초년병 시절 이보다 간단한 문제도 풀지 못했습니다. 하지만 전력을 다해 덤벼들었다가 풀지 못하면 그 기억이 오래오래 머리에 남습니다. 며칠 후, 혹은 몇 개월 후, 혹은 몇 년 뒤 기적적으로 이해하는 날이 반드시 올 것입니다.

문제)

$1 \times 2 \times 3 \times \cdots\cdots 239 \times 240$의 답은 1728로 몇 번까지 나눌 수 있습니까?

먼저 1728을 인수 분해합니다.

```
2) 1 7 2 8
2)   8 6 4
2)   4 3 2
2)   2 1 6
2)   1 0 8
2)     5 4
3)     2 7
3)      9
        3
```

$$1728 = \underbrace{2 \times 2 \times 2 \times 2 \times 2 \times 2}_{6개} \times \underbrace{3 \times 3 \times 3}_{3개}$$

그리고 나서 1 이상 240 이하의 정수 속에 있는 배수의 숫자를 조사합니다.

$240 \div 2 = 120$ - 2의 배수 120개

$120 \div 2 = 60$ - 4의 배수 60개

$60 \div 2 = 30$ - 8의 배수 30개

$30 \div 2 = 15$ - 16의 배수 15개

$15 \div 2 = 7$과 나머지 1 - 32의 배수 7개

$7 \div 2 = 3$과 나머지 1 - 64의 배수 3개

$3 \div 2 = 1$과 나머지 1 - 128의 배수 1개

$240 \div 3 = 80$ - 3의 배수 80개

$80 \div 3 = 26$ 나머지 2 - 9의 배수 26개

$26 \div 3 = 8$ 나머지 2 - 27의 배수 8개

$8 \div 3 = 2$ 나머지 2 - 81의 배수 2개

120+60+30+15+7+3+1=236

따라서 이 곱은 2로 236번까지 나눌 수 있습니다.

80+26+8+2=116

따라서 이 곱은 3으로 116번 나눌 수 있습니다.


1728 속에는 2가 6개, 3이 3개 있으므로,

236÷6=39 나머지 2, 116÷3=38 나머지 2의, 39와 38을 비교해 작은 쪽인 38회로 나눈다.


따라서 정답은 38.


이해하셨습니까? 이 해설을 읽고 "아! 그렇구나."라고 이해됐다면 설명 없이도 이 문제를 풀 수 있는 사람입니다. 초등학교 4학년이 풀 수 있는 문제가 아닙니다. 만약 다음 주 중간고사에 이런 문제가 나온다면 어떻게 하겠습니까. 반복하며 문제를 연습하고 수순을 암기할 수밖에 없습니다.


수순 1)

$1×2×\cdots×A$의 곱은 B로 몇 번까지 나눌 수 있는가.

우선 B를 소인수 분해한다.

$$B = \underbrace{C \times C \times \cdots\cdots C}_{E개} \times \underbrace{D \times D \times \cdots\cdots \times D}_{F개}$$



A÷C=G  G÷C=H  H÷C=I  I÷C=J

C로 나눠 얻은 몫이 1보다 작아지기 직전까지 반복한다.

G+H+I+J=K를 구한다.

A÷D=L  L÷D=M  M÷D=N  N÷D=O

D로 나눈 몫이 1보다 작아지기 직전까지 반복하고,
L+M+N+O=P를 구한다.



K÷E=Q  P÷F=R를 구하고 Q와 R를 비교해 작은 쪽이
답이 된다.


같은 문제를 몇 번이고 반복해 수순을 암기하면 시험 때 정
답을 맞힐 수 있을 겁니다. 하지만 이해력이 깊어지지도, 재미
가 붙지도 않습니다.

더 큰 문제는 이런 식으로 공부해도 학력이 높아지지 않고

결과적으로 입시에도 보탬이 되지 않는다는 점입니다. 그렇다면 도대체 왜 공부를 하는 걸까요. 학원에서 내준 숙제를 모두 하고 학원 시험에서 좋은 점수를 얻었지만 학력이 향상되지 않는다면 의미가 없습니다. 그렇다면 이 문제를 시행착오형 학습으로는 어떻게 풀까요.

문제 1)

$1 \times 2 \times 3 \times 4 \times 5 \times 6 \times 7 \times 8 \times 9 \times 10$의 곱셈과 관련하여 다음 질문에 답하시오.

(1) 2로 몇 번까지 나눠집니까?

(2) 3으로 몇 번까지 나눠집니까?

(3) 6으로 몇 번까지 나눠집니까?

처음 이 문제를 본 초등학교 4학년에게 가능한 것은, 모두 곱한 뒤 순서대로 나눠 보는 것뿐입니다.

$1 \times 2 \times 3 \times 4 \times 5 \times 6$

여기까지는 암산으로도 720이란 숫자가 나옵니다. 나머지는 그저 연필로 계산할 수밖에 없습니다.

$$
\begin{array}{r}
720 \\
\times \quad 7 \\
\hline
5040 \\
\times \quad 8 \\
\hline
40320 \\
\times \quad 9 \\
\hline
362880
\end{array}
$$

362880 ← 이를 10배하면 3628800이 됩니다.


다음은 나누기입니다.


$$
\begin{array}{l}
2)\,\underline{3628800} \\
2)\,\underline{1814400} \\
2)\,\underline{\phantom{0}907200} \\
2)\,\underline{\phantom{0}453600} \\
2)\,\underline{\phantom{0}226800} \\
2)\,\underline{\phantom{0}113400} \\
2)\,\underline{\phantom{00}56700} \\
2)\,\underline{\phantom{00}28350} \\
\phantom{0}14175
\end{array}
\qquad
\begin{array}{l}
3)\,\underline{3628800} \\
3)\,\underline{1209600} \\
3)\,\underline{\phantom{0}403200} \\
3)\,\underline{\phantom{0}134400} \\
\phantom{00}44800
\end{array}
\qquad
\begin{array}{l}
6)\,\underline{3628800} \\
6)\,\underline{\phantom{0}604800} \\
6)\,\underline{\phantom{0}100800} \\
6)\,\underline{\phantom{00}16800} \\
\phantom{000}2800
\end{array}
$$

이로써 (1) 8회, (2) 4회, (3) 4회란 답을 자력으로 구할 수 있습니다.

시행착오형 학습에서는 학생들이 자력으로 해결할 수 있는 문제부터 시작하는 것이 중요합니다. 하지만 이 해법으로는 앞으로 더 진전할 수 없기 때문에, 이 해법을 소개한 뒤 분수의 곱하기를 응용한 해법을 소개합니다.

$\dfrac{2}{3} \times \dfrac{3}{4}$ 이라는 곱셈을 할 때 $\dfrac{2 \times 3}{3 \times 4} = \dfrac{6}{12} = \dfrac{1}{2}$
이렇게 계산하지는 않습니다.

$$\dfrac{\overset{1}{\cancel{2}}}{\underset{1}{\cancel{3}}} \times \dfrac{\overset{1}{\cancel{3}}}{\underset{2}{\cancel{4}}} = \dfrac{1}{2}$$

이런 식으로 먼저 나누기를 합니다. 이 문제도 마찬가지입니다.

첫 번째 2는 최초의 2로 지우고, 2번째와 3번째 2는 4로, 4번째 2는 6으로, 5번째와 6번째와 7번째의 2는 8로, 8번째

2는 10으로 각각 지웁니다. 또 분자를 잘 보면 필요한 수는 모두 2의 배수란 사실을 알 수 있습니다.

$$\frac{1 \times 2 \times 3 \times 4 \times 5 \times 6 \times 7 \times 8 \times 9 \times 10}{2 \times 2 \times 2 \times 2 \times 2 \times 2 \times 2 \times 2 \times 2 \times 2}$$

2의 배수만 뽑아 내 조사하면 2, 6, 10에서 각 한 번씩, 4에서 두 번, 8에서 세 번에 걸쳐 지워지는 것을 알 수 있으며

1×3+2+3=8, 그러니까 총 8번 나눠지게 됩니다. 3도 마찬가지로 3의 배수만을 뽑아 내 조사하면 다음과 같이 됩니다.

1×2+2=4, 그러니까 네 번 나눠짐을 알 수 있습니다.

"아까는 그렇게 엄청난 계산을 하고 겨우 정답을 구했는데, 이번에는 이렇게 쉽게 풀 수 있네? 이런 방법이 있었구나!" 하고 감격하게 됩니다. 상당히 지겨운 방법으로 마지막까지 답안을 구해 냈던 학생만이 체험할 수 있는 감격입니다. 그러한 감격은 오래오래 기억에 남습니다.

정답을 계산해 냈는지 여부는 문제가 되지 않습니다. 도중에 계산을 포기한 학생, 처음부터 귀찮아서 포기했던 학생에겐 "어, 그래?" 정도의 느낌밖에 없습니다.

하지만 한 가지 난점이 있습니다. 6의 배수는 6밖에 없어서 같은 방법으로 하면

$$\frac{6}{1}$$

으로, 1번밖에 나눠떨어지지 않습니다. 같은 문제임에도 푸는 방법에 따라 답이 달라진다는 것은 이상하지요. 뭐가 잘못된 것일까요?

'2, 3과 6의 차이는 뭐지?'란 질문을 학생들에게 던집니다.

얼마쯤 생각한 뒤 "2와 3과 1은 그 수로밖에 나눠떨어지지 않지만 6은 2나 3으로도 나눠집니다."라는 답이 돌아옵니다.

"그러면 1×2×3×4…라는 식으로 곱해 가면 처음으로 6으로 나눠지는 것은 몇까지 곱했을 때지?"라고 물으면 "3"이란 답변이 돌아옵니다. 6=2×3이란 사실을 생각하면 단번에 풀립니다.

$$
\begin{array}{ccccc}
 & & 1 & & 1 \\
 & 1 & 2 & & 2 \quad 1 \\
1 & 1 \quad 2 & 3 & & 4 \quad 3 \quad 5 \\
\end{array}
$$

$$\frac{1 \times 2 \times 3 \times 4 \times 5 \times 6 \times 7 \times 8 \times 9 \times 10}{2 \times 3 \times 2 \times 3 \times 2 \times 3 \times 2 \times 3 \times 2 \times 3 \times 2 \times 3 \times 2 \times 3 \times 2 \times 3}$$

1에서 10까지의 수의 곱은 2로는 여덟 번, 3으로는 네 번 나누어지기 때문에, 6(=2×3)에서는 네 번 나누어지는 것입니다. (2)와 (3)의 답이 모두 4회가 되는 것은 우연이 아닙니다.

그러면 지금까지 나온 것을 확실히 머리에 새겨 둔 뒤 다음 문제를 풀어 봅시다.

관계가 있는 것은 3의 배수뿐이므로 이를 전부 쓴 뒤 나눠
갑니다.

$$
\begin{array}{ccccccccccc}
3 & 6 & 9 & 12 & 15 & 18 & 21 & 24 & 27 & 30 & 33 & \leftarrow 11\,회 \\
1 & 2 & 3 & 4 & 5 & 6 & 7 & 8 & 9 & 10 & 11 & \leftarrow 3\,회 \\
 & & 1 & & & 2 & & & 3 & & & \leftarrow 1\,회 \\
 & & & & & & & & 1 & & &
\end{array}
$$

11+3+1=15(회) 나누어지기 때문에 처음으로 나누어지지
않는 것은 16번째입니다.

"그러면 이번에는 공식으로 풀어 보자. 처음의 11회란 숫자
는 어떻게 구할 수 있지?"

"35÷3!"

"그렇지. 35÷3=11과 나머지 2로, 첫 11회를 구할 수 있지. 이게 제일 윗단의 지워진 횟수이지. 그럼 다음 3회는?"

"11÷3!"

"그래! 11÷3=3 나머지 3이고, 이게 두 번째 3회야. 2단째의 지워진 횟수이기도 하지. 그럼 마지막 1회는?"

"3÷3!"

"맞았어, 3÷3=1이고 이것이 3번째의 1회, 3단째의 지워진 횟수이기도 하지. 나중은 아까와 마찬가지야. 그러면 문제 1)을 다시 한 번 풀어 볼까?"

문제 1)

1×2×3×4×5×6×7×8×9×10의 곱셈과 관련하여 다음 질문에 답하시오.

(1) 2로 몇 번까지 나눠집니까?

(2) 3으로 몇 번까지 나눠집니까?

(3) 6으로 몇 번까지 나눠집니까?

아까는 모두 곱했는데, 순서대로 나눈다는 번거로운 일을 했던 학생들은 지금까지의 설명이 이해됐다면 다음과 같이 간단히 풀 수 있습니다.

   (1)  $10 \div 2 = 5$

       $5 \div 2 = 2$ 나머지 1

       $2 \div 2 = 1$

       $5 + 2 + 1 = 8$(회)


   (2)  $10 \div 3 = 3$ 나머지 1

       $3 \div 3 = 1$

       $3 + 1 = 4$(회)


(3) $6 = 2 \times 3$, 2로 8번 나눠떨어지고, 3으로 4번 나눠떨어지므로, $2 \times 3$은 4회 나누어진다.

그러면 이제 최종 목적지인 문제에 도전해 봅시다.

1×2×3 ·············· 239×240의 곱에 대해 다음 문제에 답하시오.

(1) 2로 몇 회까지 나눠떨어집니까?

(2) 3으로 몇 회까지 나눠떨어집니까?

(3) 6으로 몇 회까지 나눠떨어집니까?

(4) 12로 몇 회까지 나눠떨어집니까?

(5) 108로 몇 회까지 나눠떨어집니까?

(6) 1728로 몇 회까지 나눠떨어집니까?

숫자만 클 뿐 구조는 문제 1)과 완전히 같습니다.

(1) $240 \div 2 = 120$

$120 \div 2 = 60$

$60 \div 2 = 30$

$30 \div 2 = 15$

$15 \div 2 = 7$ 나머지 1

$7 \div 2 = 3$ 나머지 1

$3 \div 2 = 1$ 나머지 1

$120+60+30+15+7+3+1=236(회)$


(2) $240÷3=80$

　　$80÷3=26$ 나머지 2

　　$26÷3=8$ 나머지 2

　　$8÷3=2$ 나머지 2


$80+26+8+2=116(회)$


(3) $6=2×3$이므로 116회


(4) $12=2×2×3$, 2는 236개 있으므로

　　$236÷2=118$

　　$2×2$는 118개이며 3은 116개 있으므로 $2×2×3$은 116

　　개다.

　　따라서 116회.

(5) 2×2의 개수보다 3×3×3의 개수가 적은 것은 명확하
     므로 3×3×3만 생각하면 된다. 3은 116개 있으므로
     116÷3=38 나머지 2에 의해 38회.


(6) 1728=2×2×2×2×2×2×3×3×3
     236÷6=39 나머지 2이므로 2×2×2×2×2×2는 39
개 생긴다
     116÷3=38 나머지 2이므로 3×3×3은 38개 생긴다.
     2×2×2×2×2×2×3×3×3은 38개 생기므로 38회.


구조를 이해할 수 있다면 (5)와 (6)의 답이 같은 것도 우연
이 아님을 알 수 있지요.


시행착오형 학습이 자녀들에게 훨씬 적합하다는 것을 알게
되셨으리라 생각합니다. 난점은 시간이 걸린다는 것과, 선생
님이 엄청나게 준비해야 한다는 점입니다. 하지만 뭐가 중요
한지 생각한다면 모두 그리 큰 난관은 아닙니다.

# 머리가 좋아지는 수학 퍼즐

제 수업에서 3학년 학생들은 퍼즐만을 교재로 사용하는데, 그 중 일부를 소개합니다.

답은 싣지 않았습니다.

## 초등학교 1학년부터 도전하기!

**— 문제를 푸는 방법**

❶ 각각의 빈 네모 칸 안에는 1부터 9 사이의 숫자 중 하나가 들어갑니다.

❷ 화살표의 옆, 또는 위에 씌어 있는 숫자와, 화살표가 가리키는 방향에 있는 네모 칸 안의 숫자의 합이 같도록 합니다. 예를 들어 [4↘][㉠][㉡] 이라면 ㉠, ㉡의 합이 4가 되어야 합니다.

❸ 연속해 있는 네모 칸에는 같은 숫자가 들어갈 수 없습니다. 예를 들어 [4↘][㉠][㉡] 에서 ㉠, ㉡의 합은 4이고, 이 조합은 1, 3(순서 상관없음)이 유일합니다. 즉 (2, 2)는 같은 숫자가 연달아 나오기 때문에 규칙 위반입니다.

〈문제 1〉

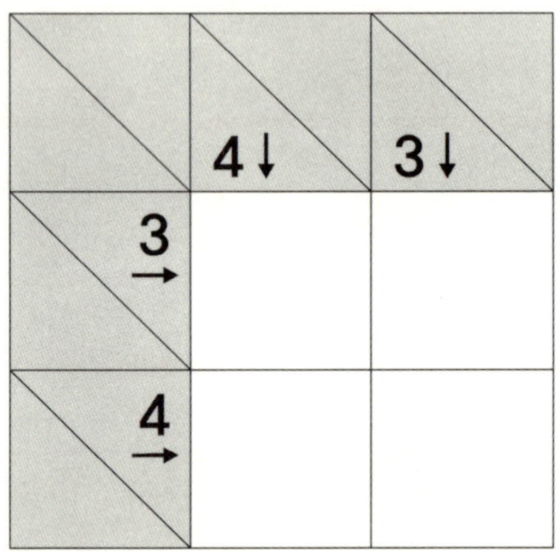

〈문제 2〉

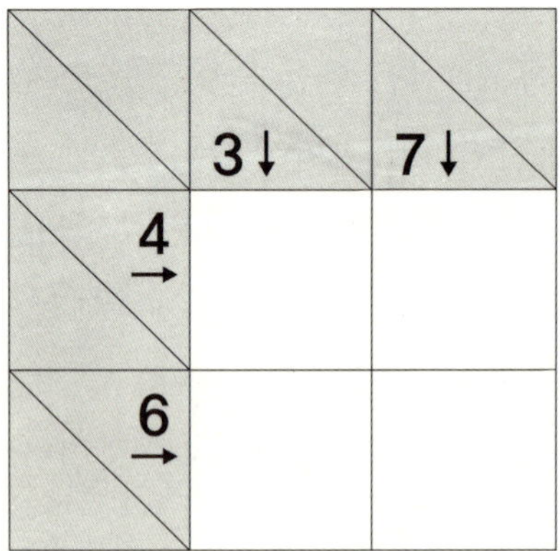

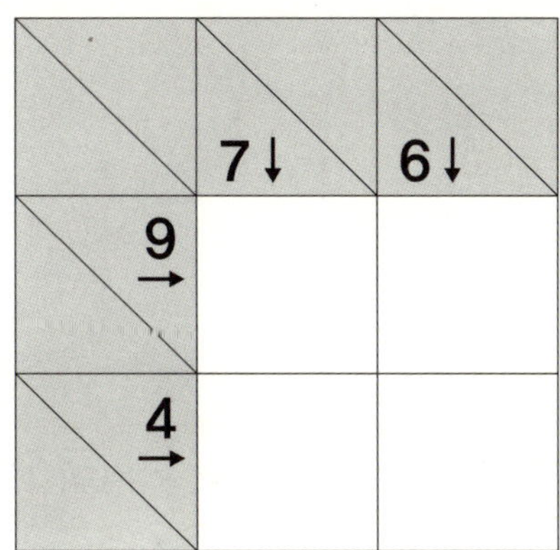
7↓
6↓
9→
4→



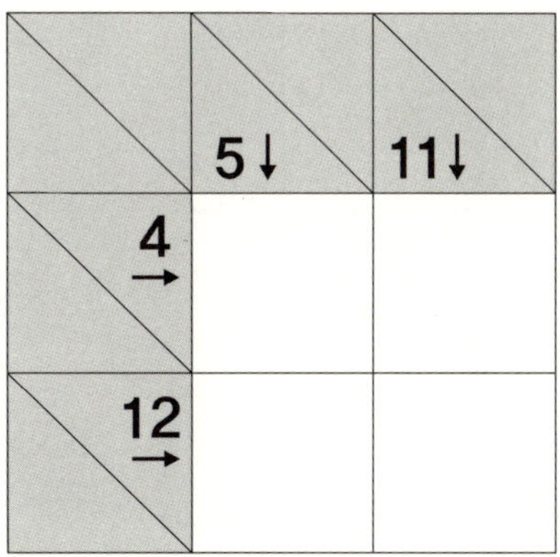
5↓
11↓
4→
12→

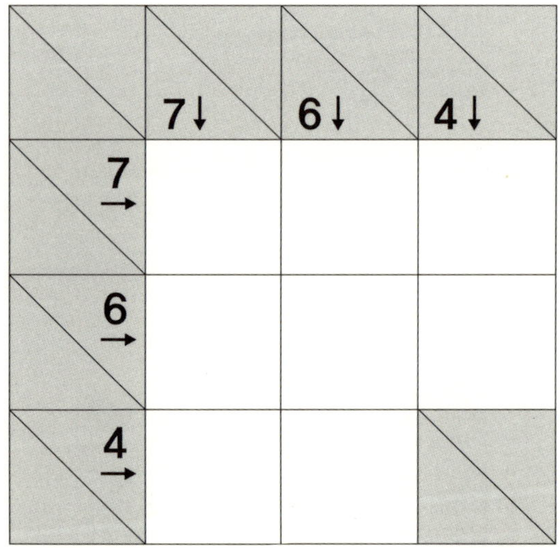

## ─ 문제를 푸는 방법

각 그림은 바로 위쪽에서 본 빌딩들, 그러니까 높이
가 다른 여러 개의 빌딩이 한데 모여 있는 것을 나
타냅니다. 모든 네모 칸에 그 빌딩의 층수를 표시하
는 숫자를 넣는 문제입니다. 화살표는 그 방향에서
보이는 빌딩의 개수를 나타냅니다. 단, 넣는 숫자는
〈문제 1〉에서는 1에서 4까지, 〈문제 2〉에서는 1에
서 6까지입니다. 같은 열(종횡 모두)에는 같은 숫자
가 들어가면 안 됩니다. 예를 들어 〈예〉처럼 됩니
다. 답은 싣지 않았습니다.

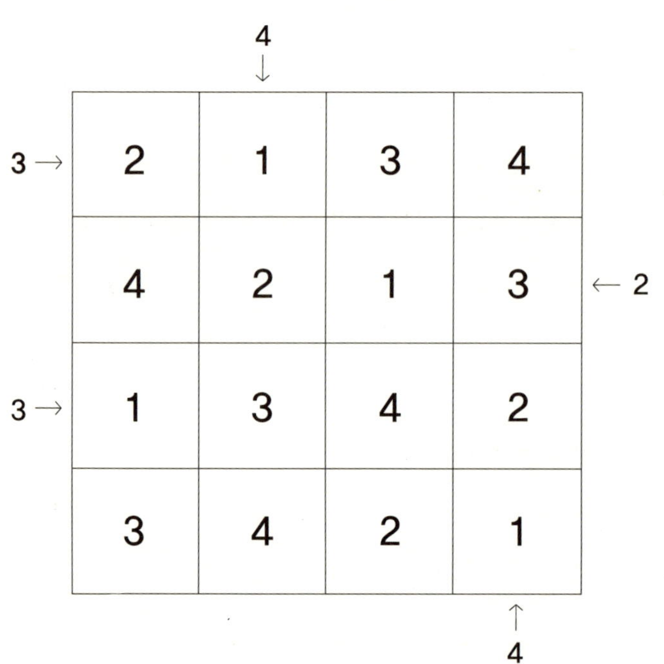


4
↓
3→
← 2
3→
↑
4
2 1 3 4
4 2 1 3
1 3 4 2
3 4 2 1

〈문제 1〉 난이도 ★

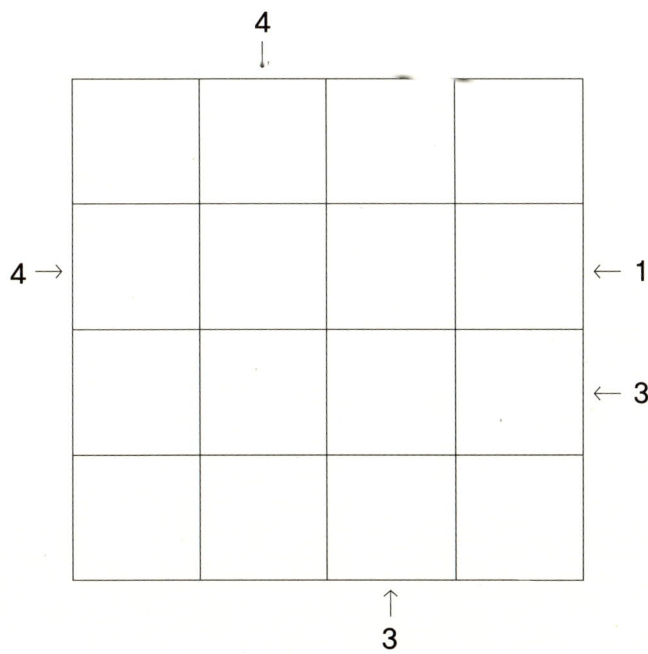

〈문제 2〉 난이도 ★★★★★

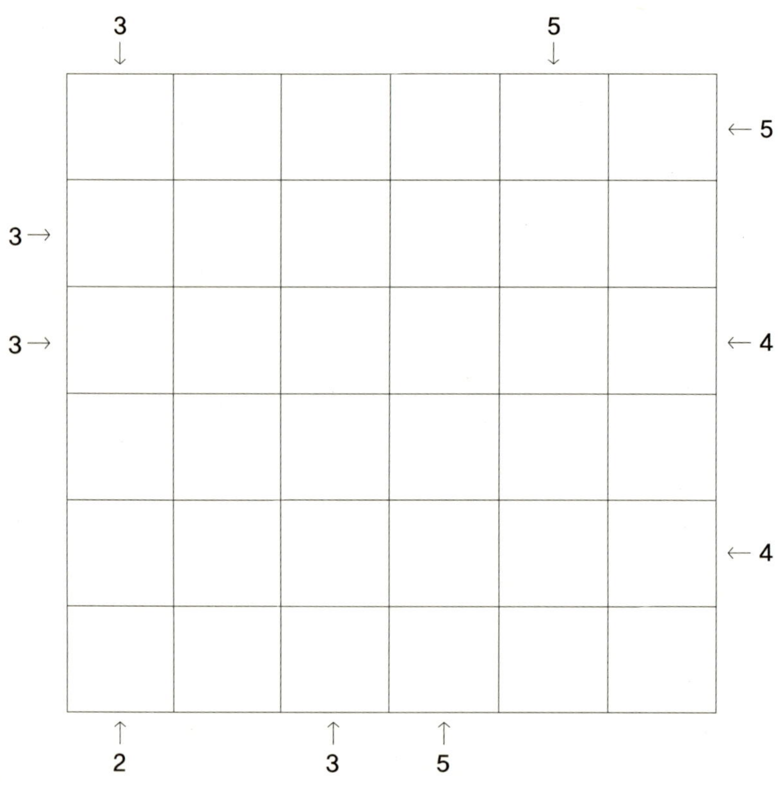
3
↓
5
↓
← 5
3 →
3 →
← 4
← 4
↑
2
↑
3
↑
5

'내 강의를 책으로 정리하고 싶다'는 희망을 10년 간 품어 왔는데, 이번에 꿈을 이루게 됐습니다. 강연용 원고가 많이 있었기 때문에 한 권 정도는 가볍게 쓸 수 있을 줄 알았는데 강연과 책은 전혀 달랐습니다.

대학 졸업 논문을 30쪽밖에 쓰지 못했던 저에게 교수님은 "자네는 분량은 물론이고 내용도 떨어진다."며 어이없어하셨습니다. 책을 한 권 쓴다는 것이 저에게 무리라고 여겨져 포기하려 한 적도 있었습니다. 하지만 좌절을 세 끼 식사로 삼아 살아온 저였기에 마감 시간이 다가오면서 괴력을 발휘했습니다.

괴로움의 시간이 길면 길수록, 어려움이 크면 클수록 달성했을 때의 기쁨은 큽니다. 저는 지금 큰 성취감에 젖어 있습니다.

_미야모토 데쓰야(宮本哲也)